E-Book inside

Mit dem Kauf dieses Buchs erhalten Sie das zugehörige E-Book gratis. Sie können dabei aus zwei Dateiformaten wählen: EPUB (gängiges Format für E-Reader und Tablets) und PDF (für PC und Laptop). So kommen Sie an Ihr kostenloses E-Book:

Rufen Sie im Internet diese Website auf:
↗ http://www.junfermann.de/ebook-inside

Geben Sie den unten stehenden Code in das dafür vorgesehene Feld ein und klicken Sie → Code einlösen. Nach Eingabe Ihrer E-Mail-Adresse und Auswahl des E-Book-Formats erhalten Sie sofort einen Download-Link für das gewünschte E-Book an Ihre E-Mail-Adresse.

Bitte beachten Sie, dass der Code für Sie personalisiert wird und nur einmal gültig ist. Die Datei müssen Sie zunächst auf Ihrem Computer speichern, bevor Sie sie auf ein mobiles Endgerät überspielen können.

XAIE7P8J

Indrani Alina Wilms

Gewinnende Gesprächsführung durch achtsame Sprache

www.junfermann.de

planetpsy.de

blogweise.junfermann.de

www.facebook.com/junfermann

x.com/junfermann

www.youtube.com/user/junfermann

www.instagram.com/junfermannverlag

INDRANI ALINA WILMS

GEWINNENDE GESPRÄCHSFÜHRUNG DURCH ACHTSAME SPRACHE

Junfermann Verlag
Paderborn
2024

Copyright © Junfermann Verlag, Paderborn 2024

Coverbild © Nazan Akpolat (iStock)

Covergestaltung / Reihenentwurf JUNFERMANN Druck & Service GmbH & Co. KG, Paderborn

Satz & Layout JUNFERMANN Druck & Service GmbH & Co. KG, Paderborn

Bibliografische Information der Deutschen Nationalbibliothek
Die Deutsche Nationalbibliothek verzeichnet diese Publikation in der Deutschen Nationalbibliografie; detaillierte bibliografische Daten sind im Internet über http://dnb.d-nb.de abrufbar.

ISBN 978-3-7495-0560-9
Dieses Buch erscheint parallel als E-Book.
ISBN 978-3-7495-0561-6 (EPUB), 978-3-7495-0562-3 (PDF).

FSC www.fsc.org MIX Papier | Fördert gute Waldnutzung FSC® C013205

Inhalt

Vorwort

Endlich ist es so weit! Erneut darf ich ein Herzenswerk schreiben und damit meinen Leserinnen und Lesern Handwerkzeug für ihren Lebens-Skills-Koffer zugänglich machen. Es geht um nichts Geringeres als um den gezielten Einsatz von Sprache, um damit positiv-psychologischen Einfluss auf kommunikative Prozesse in allen Bereichen menschlichen Zusammenlebens zu nehmen.

Die Idee zu diesem Buch und die Einsicht, dass es dringend nötig ist, kam mir durch jahrelange Beobachtungen in privaten und beruflichen Settings: Bei gesellschaftlichen Anlässen, in privaten Zusammenkünften, in Schulkonferenzen und Fernsehtalkshows konnte ich tagtäglich beobachten, wie unachtsam gewählte Worte sofort konfrontative Gegenwehr oder resignativen Rückzug auslösten. Bei Menschen, die zu einem gemütlichen Grillabend zusammengekommen waren, formierten sich Positionen und spalteten die bis dahin fröhliche Gruppe, nur aufgrund einer beim Wurstwenden unachtsam ausgesprochenen Äußerung.

Ich begann, Achtsamkeits-Gruppentrainings anzubieten, mit besonderem Schwerpunkt auf achtsame Sprache, und zwar im Erfurter Augustinerkloster. Hier war einst Martin Luther zum Priester geweiht worden, und damit bot dieser Ort historisch gesehen ein ideales Umfeld für mein Thema. Schließlich hatte Luther, als sein Leben extrem gefährdet war, die Bibel aus dem Lateinischen ins Deutsche übersetzt. Ihm war wichtig, die Texte allen Menschen zugänglich und verständlich zu machen. Auch die Lehren der Achtsamkeit sind nicht nur für eine intellektuelle Elite gedacht, sondern sollen allen Menschen verständlich sein. Deshalb werden viele lebensnahe Metaphern aus dem Alltag aufgegriffen, und achtsame Sprache ist deshalb eine Sprache des einfachen Verstehens.

Im Rahmen meiner Tätigkeit in Therapie, Coaching und Beratung habe ich etliche Erfahrungen machen können, was passiert, wenn Sprache unachtsam verwendet wird. Hierzu einige Beispiele:

Die Bedeutung von Sprache in Therapie und Coaching

Als Paartherapeutin stellen sich mir immer wieder folgende Fragen: Warum geraten verliebte und positiv gebundene Paare irgendwann in völlig unnötige Streitsituationen? Warum ruinieren sie damit ihre Wochenenden oder gar eine komplette Traumreise, auf die beide lange gespart haben? Warum kommt es sogar zu einem Beziehungsabbruch? Die Antwort: Kränkende Worte lösen eine negativpsychologische Spirale aus, die unbewusst und schnell Fahrt aufnimmt. Am Ende sind beide nicht mehr fähig, neutral zu reflektieren und so dem negativen Abwärtssog entgegenzuwirken.

Die Ursache ist meistens ein eigentlich gut gemeintes, jedoch unglücklich und unachtsam formuliertes Anliegen. Oft genügt ein einziges Wort, um in der darauf folgenden Negativkommunikation am Ende zum Beziehungskiller zu werden. Aufgrund vieler Streitigkeiten, die sich immer weiter potenzieren, ist dieses Wort mit vielen negativen Emotionen verbunden und so zum Reizwort geworden. Wenn es fällt, werden damit alle negativen Gefühle vergangener Streitsituationen reaktualisiert.

Auch in anderen beruflichen Situationen als Psychotherapeutin und Coach hat Sprache eine durchgängig tragende Rolle. In der Arbeit mit Eltern geht es beispielsweise darum zu entscheiden, wie positives Feedback am besten ankommt, um Kinder zu motivieren, damit diese selbstsicher an sich und ihr schulisches oder sportliches Ziel glauben. Angehörige persönlichkeitsgestörter Menschen möchten vorrangig lernen, wie sie Provokationen verbal deeskalieren können und emotional leicht erregbare Klienten haben den Wunsch, auch dann sachlich und lösungsorientiert zu kommunizieren und positive Bindungen aufrechtzuerhalten, wenn Wut, Trauer oder Angst sie übermannen.

Im Coaching wollen Arbeitgeber lernen, wie sie ihre Belegschaft im Arbeitskontext optimal motivieren können. Nicht selten zeigt sich, dass gerade in Deutschland bei vielen Menschen noch der althergebrachte Spruch „Nicht geschimpft ist Lob genug!" persistiert. Entsprechend sparsam loben sie – ihre Kinder wie ihre Mitarbeiter. Meist haben sie selbst wenig Lob erfahren. Aber durch diese Unfähigkeit, effektiv zu loben, verlieren wir motivational all jene Menschen, die den Motor positiven Tuns nicht durch Eigenmotivation anwerfen können oder die nicht zu den paradox Funktionierenden gehören, die gerade durch den Mangel an Lob über sich hinauswachsen. Aber auch Letztere hoffen, irgendwann die vorgehaltene, jedoch unerreichbare Möhre des Lobs genießen zu dürfen.

Die Beobachtung, dass selbst unter meinen freundlichsten psychologischen Kollegen, ja sogar von Achtsamkeitsexperten unachtsame und negative Sprache scheinbar häufiger genutzt wird als achtsame Formulierungen, hat mich sprachlos gemacht. Allerdings nehme ich mich hier keineswegs aus. In Stresssituationen tappe auch ich manchmal in die Falle der unachtsamen Sprache. Wenn ich mich daraus befreit habe, reflektiere ich jedes Mal, wie ich diese Falle künftig frühzeitiger erkennen und weise umgehen kann. Durch diese ständige Reflexion ist bei mir achtlose Sprache inzwischen mehr zur Ausnahme als zu meiner Kommunikationsregel geworden.

Negative Sprache in der Politik

Auch als psychologische Politikberaterin habe ich Erschreckendes in Punkto Sprachgebrauch erlebt. Zum einen erschrak ich darüber, wie unreflektiert Politiker Negativvokabular verwenden. Das konnte ich nicht nur bei Vertretern der neuen Politikergeneration beobachten, sondern auch bei jenen in hohen Positionen und in einem Alter jenseits von 40. Viele von ihnen verlesen Reden, die andere für sie geschrieben haben und denen es an Authentizität und Glaubhaftigkeit fehlen muss, denn das Verlautbarte kommt nicht von innen heraus, ist nicht intrinsisch, wie es nur ein selbst verfasster Text sein könnte. Zum anderen schockierte mich, wie häufig politische Akteure gezielt und vorsätzlich negative Sprache einsetzen, um allein durch Furcht und Abschreckung zu punkten.

In einer nicht veröffentlichten Pilotstudie habe ich aus eigenem Interesse einen Monat lang alle politischen Interviews aufgezeichnet, die von öffentlich-rechtlichen Sendern ausgestrahlt wurden, und diese linguistisch auf positive, neutrale und negative Begrifflichkeiten überprüft. Dabei überwog ganz klar negative Sprache. Der Anteil positiver Sprache lag bei unter 2 Prozent und war maßgeblich auf das Wort „danke" beschränkt – meist als floskelhafter Abschluss in einer Interviewsituation.

Auch der letzte Auslöser, dieses Buch zu schreiben, kam aus der Politik. Bundesaußenministerin Annalena Baerbock hatte im Januar 2023 im Europarat eine Rede gehalten und in der anschließenden Diskussion unterlief ihr ein gefährlicher verbaler Fauxpas. Mit vermutlich guter Intention, jedoch historisch unachtsam, appellierte sie an die westlichen Verbündeten, wir würden einen Krieg gegen Russland und nicht gegeneinander kämpfen. Offensichtlich war sie sich der Wirkung ihrer Worte, mit denen sie riskierte, Deutschland zur Kriegspartei zu deklarieren, in diesem Moment nicht gewahr.

Wie mit Wut und Ärger umgehen?

Oft fragen Klienten und Coachees: Sollen sie Negatives offen ansprechen oder es besser des lieben Friedens willen tolerieren und in sich hineinfressen? Wird man vielleicht psychisch krank, wenn man die Wut über Negativa in sich verkapselt und sie damit innerlich gegen sich selbst richtet? Andererseits fürchteten viele den Verlust wichtiger sozialer Bindungen, falls sie ihre Missbilligung herauslassen und Konflikthaftes aussprechen.

Gibt es wirklich nur Anger-in (Wut hinein) versus Anger-out (Wut raus)? Neben dieser absolutistischen Schwarz-Weiß- und damit zugleich Lose-Lose-Variante, bei der eine tragische Situation des Verlierens vorprogrammiert ist, gibt es zahlreiche Graunuancen. Leider sind Letztere vielen Menschen – und damit vor dem Coaching auch meinen Coachees – nicht geläufig.

Am Ende eines erfolgreichen Coachings haben die Menschen gelernt, dass es weniger um das *Ob* und viel mehr um das *Wann* und das *Wie* geht. Sie lernen, dass es sehr wohl möglich ist, Negativa anzusprechen, zum passenden Zeitpunkt, dosiert und portioniert, mit Raum für positive Veränderung und vor allem so achtsam formuliert, dass die Botschaft für den Empfänger klar, verständlich und annehmbar ist, ohne Negativreaktionen (Reaktanz) auszulösen.

Zu diesem Buch

In Teil I (Kapitel 1–3) erfährst du Wesentliches über Sprache und ihre Wirkweise. Darauf aufbauend kann es dir gelingen, Sprache gewinnbringender und positiver einzusetzen. Zunächst erkläre ich, wie es dazu gekommen ist, dass wir unachtsam formulieren und welche Konsequenzen es für unsere eigene Psyche hat, im autosuggestiven inneren Dialog negativ mit uns selbst zu kommunizieren. Hierzu gehören die Risiken und Negativspiralen, die hieraus für zwischenmenschliche Kommunikation resultieren. Zahlreiche Beispiele, die mit dem Alltag vieler Leser resonieren werden und die ich im Laufe meiner Praxiszeit als achtsamkeitsbasierte Psychotherapeutin gesammelt habe, verdeutlichen ebenso konkret die Problematik wie aktuelle Beispiele aus politischen Interviews.

In Teil II geht es im vierten Kapitel um die sieben wichtigsten Prinzipien und die sieben gewinnbringenden Strategien achtsamkeitsbasierter Sprache und wie du sie verinnerlichen kannst, so als lerntest du eine neue Fremdsprache: die Sprache der Achtsamkeit. Anschließend geht es darum, diese Prinzipien und Strategien zu vertiefen und sie in konkreten Situationen anzuwenden. Du lernst, ganze Sätze und mögliche Reaktionen auf diverse Herausforderungen zu formulieren. Ebenso lernst du, achtsam zu prognostizieren, wie der Empfänger anders hierauf reagieren wird als es bei einer unachtsamen Spontanformulierung der Fall gewesen wäre.

Teil III (Kapitel 5–7) ist der praktischen Umsetzung in alltäglichen und emotional herausfordernden Ausnahmesituationen gewidmet. Wie merkst du, dass du in alte Negativmuster der Gesprächsführung kippst? Wie kannst du, gerade in emotionalen Erregungssituationen, die Weichen umstellen, um dein neu erlerntes, achtsames Sprachrepertoire noch gezielter und gewinnbringender zu nutzen?

∞

Achtsamkeitsbasierte Lese-Empfehlung

Selbstverständlich entscheidest du selbst, wie, wann und wo du dieses Buch liest. Wenn du einmal eine Fremdsprache gelernt hast, dann weißt du vielleicht noch, dass dies ein Prozess war, zu dem Zeit und Praxis, aber auch eine positive Einstellung und Erfolgsmomente gehörten.

Als Achtsamkeitspsychologin und Autorin dieses Buchs empfehle ich dir, es kapitelweise zu portionieren und beispielsweise jede Woche oder jeden Monat ein Kapitel an einem konkreten Tag zu lesen. Nutze die Zeit bis zum nächsten Kapitel dafür, die Lehren und Erkenntnisse des aktuell gelesenen Kapitels proaktiv anzuwenden. So gelingt es am effektivsten, die Prinzipien und Strategien sprachlicher Achtsamkeit in deinen bisherigen Sprachgebrauch zu verankern und zu integrieren. Die Portionierung ermöglicht dir, Schritt für Schritt mit jedem Kapitel achtsam sprachlich zu wachsen. Lege am besten einen regelmäßigen Lektüretag fest und trage ihn unter „Zeit für Selbstwachstum – achtsamkeitsbasierte Sprache“ als hoch priorisierten Serientermin in deinen Kalender ein!

∞

Achtsam-wohlwollender Umgang mit dir selbst beim Lernen

Wer etwas lernt, z. B. eine neue Sprache, macht Fehler. Menschen machen Fehler. Zum Erlernen der achtsamen Sprache gehört – und das ist wesentlich –, wohlwollend mit sich selbst umzugehen. Wenn du merkst, dass du gegen Prinzipien achtsamer Sprache verstoßen hast – vielleicht hast du in einem emotional erhitzten Gespräch negative Worte benutzt oder in einer Konferenz enthielt jeder zweite von dir vorgebrachte Satz ein Füllwort –, beglückwünsche dich dafür, dass du es gemerkt hast!

Denn diese, auch erst im Nachhinein gewonnene Erkenntnis ist ein positiver Schritt auf dem Weg der Veränderung, auf den du stolz sein darfst.

Die Erkenntnis ist die Basis allen neuen Handelns. Sie zeigt, dass du bereits anders reflektierst, und dafür darfst du dir gerne selbst auf die Schultern klopfen! Diese Erkenntnis bedeutet, dass du aus dem automatisierten und unreflektierten Sprechen für diesen Moment ausgestiegen bist, und das ist ein sehr hilfreicher und lobenswerter Anfang.

∞

Zum Schluss noch zwei Anmerkungen

Ich verwende das „Du“, um über das Medium Buch als Coach stets „an der Seite“ meiner Leserschaft zu sein.

Ich habe mich außerdem bewusst gegen das Gendern entschieden. Bei Verweisen auf Personen und Gruppen im Allgemeinen verwende ich die einfache männliche Form, angesprochen sind damit alle Menschen, unabhängig von ihrer geschlechtsspezifischen Identifikation. Ich bin der Überzeugung, dass Wertschätzung sprachlich sehr gut durch achtsame Worte transportiert werden kann und nicht von dem Suffix *in* oder einer Codierung in *m/w/d* abhängt. Eine bessere Lesbarkeit hat für mich Vorrang.

Teil I

Im Anfang war das Wort und das Wort war bei Gott und das Wort war Gott.
Dieses war im Anfang bei Gott.

Alles ist durch das Wort geworden und ohne es wurde nichts, was geworden ist.

In ihm war Leben und das Leben war das Licht der Menschen.

(Das Evangelium nach Johannes, Kapitel 1, Der Prolog, 1–4)

1. Sprache: Worauf wir achten und worauf wir achtsam sein können

Sprache ist für uns alle etwas ganz Alltägliches. Gleichzeitig kommt dem Phänomen Sprache eine solche Wichtigkeit und Bedeutsamkeit zu, dass es kaum Worte gibt, sie angemessen und vollumfänglich auszudrücken. Ohne Sprache gäbe es wohl keine Bücher – auch dieses Buch nicht. Ohne Sprache, zu der auch die Körpersprache gehört, könnten wir nicht kommunizieren, wären wir keine sozialen Wesen.

Manche Menschen sprechen gleich mehrere Sprachen. Sie sind auf dem Arbeitsmarkt begehrt, weil sie sich multinational vernetzen und in unserer globalisierten Welt transkulturelle Forschungsvorhaben realisieren sowie Geschäftspartner auf der anderen Seite des Globus für ein Unternehmen gewinnen können. Doch bis es so weit ist, kämpfen wir uns in der Schulzeit mehr oder weniger mühsam durch Vokabeln und logisch oft nicht nachvollziehbare Grammatikregeln.

1.1 Wie wir Sprache erleben

Sprache folgt Regeln. Gleichzeitig ist keine natürliche Sprache ein vollends logisches System. Dieses Paradoxon ist nicht zuletzt darauf zurückzuführen, dass Sprache nicht statisch ist. Sie ist in permanenter Entwicklung begriffen. Nicht nur Vokabular und Wortbedeutung verändern sich im Lauf der Zeit, sondern auch in der Grammatik gibt es Anpassungen. Sogar Aussprache und Lautsystem wandeln sich. Vielleicht hast du schon einmal den Begriff „Lautverschiebung“ gehört? Im europäischen Raum hat es hier bislang zwei maßgebliche Entwicklungen gegeben und es ist keineswegs ausgeschlossen, dass zukünftige Linguistengenerationen Neues entdecken werden.

Die fehlende Logik, in manchen Fällen sogar die Absurdität von Sprache wurde mir im Austausch mit meinem indischen Vater bewusst. Nach Bengalisch, Englisch, Hindi und Sanskrit war Deutsch seine fünfte Sprache. Er fragte mich einmal (ich ging damals noch zur Schule), weshalb es „die Frau“, jedoch „das Mädchen“ und „das Weib“ hieße. Ich konnte hier nur mutmaßen, dass das Mädchen eben noch nicht zur Frau gereift sei und deshalb als asexuell gesehen und folglich mit dem sächlichen Artikel benannt werde. Darauf konterte mein Vater: Würde das Mädchen altersbedingt wegen der fehlenden Geschlechtsreife nicht mit dem geschlechtsspezifischen Artikel *die* benannt, müsste man folgerichtig auch „das Junge“ sagen.

Die Herkunft des Wortes „Weib“ ist sprachwissenschaftlich nicht eindeutig geklärt. Warum aber ist es ein Neutrum und kein Femininum? Möglicherweise, um erwachsene Frauen in bestimmten Kontexten durch Versachlichung zu entwerten und zu entmenschlichen? Die Paradoxie der Artikel zeigt sich auch an dem Filmklassiker *Und ewig lockt das Weib* (1956). Es geht um eine Frau, die mit ihren weiblichen Reizen verführt und doch mit einem sächlichen Artikel bezeichnet wird! – Je unlogischer die Regeln einer Sprache sich darstellen, desto schwieriger sind sie natürlich für Nicht-Muttersprachler zu erlernen.

Neben logischen Absurditäten fiel mir vermehrt auf, dass wir Positives oft mit negativen Worten ausdrücken und paradoxerweise negativ konnotierte Begriffe positive Wortanteile aufweisen. Beispiele: *rechtes Gedanken**gut*** und *Konflikt**partner***. Der Ausruf „*Das **schlägt** sich positiv **nieder**!*“ hingegen bedient sich eines negativ besetzten Gewaltbegriffs, um ein positives Gelingen auszudrücken.

Nach diesen ersten Ansätzen der Beschäftigung mit meiner Muttersprache Deutsch gehörten zu meiner Ausbildung als Psychologin die entwicklungspsychologische Betrachtung des Spracherwerbs, das Verstehen von Sprachstörungen in emotionalen Erregungszuständen, was bis zur Sprachlosigkeit während traumatischer Schockzustände reichen kann – wenn es Menschen im wahrsten Sinne des Wortes die Sprache ver**schlägt**.

Zusammengesetzte Worte, deren einer Anteil **Schlagen** ist, lösen übrigens negative Assoziationen aus. Ein „guter Vor**schlag**“ wirkt deshalb automatisch bedrohlich und ist sprachlich leicht durch *eine gute Empfehlung* ersetzbar.

Im Zuge meiner Beschäftigung mit Achtsamkeit wurden mir kulturelle Unterschiede im sprachlichen Ausdruck bewusst. In der blumigen bengalischen Sprache Ostindiens gibt es beispielsweise Begriffe, für die es im Deutschen keine Entsprechung gibt. Beispiel: Das liebevolle Kosewort „Dadubai“ ist exklusiv dafür bestimmt, liebevolle Wertschätzung von Großvätern für ihre Enkel auszudrücken. Manchmal werden auch fremdsprachige Begriffe, für die es in der eigenen Sprache keine analoge Übersetzung gibt, in den Wortschatz übernommen. Ein Beispiel ist das deutsche Wort „Zeitgeist“, das Eingang ins Englische gefunden hat. Und andersherum nutzen wir im Deutschen das englische Wort „Mind“ (wie in *mindfulness*, engl. für Achtsamkeit), für das wir in seiner Gesamtbedeutung keine Entsprechung kennen. Begriffe wie Gedächtnis, Gehirn, Geist und Bewusstsein decken nur einzelne Aspekte, nicht aber die komplette und komplexe Bedeutung von „Mind“ ab.

1.2 Welche Funktion Sprache haben kann

Nicht nur wir Menschen, auch Tiere transportieren Bedeutung über Lautäußerungen. Mit Balzrufen z. B. locken Männchen paarungswillige Weibchen an, um die Art zu erhalten. Warnrufe werden ausgestoßen, wenn Raubtiere sich einer Herde nähern, Elterntiere haben für den Nachwuchs bestimmte Lockrufe. Im Endeffekt dient all das der **Überlebenssicherung**.

Hilflose Menschenbabys können anfangs auch nur über Schreien ihre überlebenswichtigen Grundbedürfnisse kundtun: Hunger, Schmerz und Einsamkeit. Dann folgen erste Silben, aus denen Wörter werden, die sich zu noch unbeholfen klingenden Sätzen zusammenfügen. Viele Eltern schreiben auf, was das erste gesprochene Wort des Kindes ist und wetteifern, ob es denn Ma bzw. Mama oder Pa bzw. Papa ist. Bis zur klaren Kommunikation ist es jedoch ein recht weiter Weg.

Wenn wir als Menschen gelernt haben, uns klar und deutlich auszudrücken, schaffen es manche Äußerungen sogar in die Geschichtsbücher. Man denke nur an den Satz „I have a dream!", den Martin Luther King am 28.8.1963 in Washington ausrief. Seine Rede von damals, die bis heute Schulstoff ist, steht für Hoffnung, für eine weltweite, generationenübergreifende Bewegung.

Und noch ein Beispiel aus der jüngeren **Geschichte**: Ohne Günter Schabowskis verlegene Antwort am 9.11.1989 „Und das gilt ab sofort!" anlässlich einer internationalen Pressekonferenz hätte es die Wiedervereinigung vielleicht gar nicht oder zumindest nicht so friedlich und nicht zu diesem Zeitpunkt gegeben (Sieren & Schabowski 2009). So kann in Ausnahmefällen ein unachtsam vorgebrachter kurzer Satz zu etwas Positivem führen und ein gespaltenes Land einen.

„Ich bin sprachlos" – das sagt man oft, wenn man sehr überrascht ist. **Jemanden sprachlos machen**, ihn seiner Sprache berauben, ist tatsächlich ein Akt der Gewalt. Und wie bedeutend Sprache ist, zeigt sich in extremer Form, wenn man sie nicht mehr hat. Schauen wir uns dafür zwei Beispiele an:

Im Mittelalter gab es zahlreiche Verstümmelungsstrafen. Am bekanntesten ist vielleicht, dass man Dieben die Hand abhackte – weil sie ihre Tat mit selbiger begangen hatten. Taten, die mit der Zunge begangen wurden – Lügen, üble Nachreden, Meineide etc. – wurden geahndet, indem man die Zunge verstümmelte oder im Extremfall sogar herausschnitt. Die Betroffenen wurden auf diese Weise nicht nur gesellschaftlich degradiert, sondern man nahm ihnen auch die Möglichkeit, Wünsche, Bedürfnisse und Ansichten kundzutun. Sie verfügten nicht mehr über eine der wichtigen Fähigkeiten, die uns als Menschen ausmacht und waren damit nicht nur sozial ausgestoßen, sondern auch in der Hierarchie der Lebewesen herabgestuft.

Doch auch heutzutage gibt es Beispiele für erzwungene Sprachlosigkeit, von denen mir eines wiederholt in sexualtherapeutischen Sitzungen begegnete. In der MS-Szene ziehen Menschen sexuelle Lust aus Dominanzverhalten. Es gibt die beherrschenden „Doms", die andere dominieren, kontrollieren und unbedingte Macht über sie haben. Neben ausgeklügelten Fesselungen und absichtlich zugefügten Schmerzen nehmen sie ihren untergebenen „Subs" auch die Sprache, indem sie ihnen ballartige Gegenstände in den Mund stecken und festschnallen. Die Subs sind also nicht nur willenlos, sondern auch sprachlos. Überhaupt dürfen sie sich – mit vorheriger Zustimmung und als Zeichen der absoluten Unterwerfung – nie unerlaubt zu Wort melden.

∞

1.3 Wie Wissenschaft sich mit Sprache beschäftigt – Sprachmodelle

Die wissenschaftliche Beschäftigung mit Sprache umfasst mehrere Disziplinen, die gewonnenen Erkenntnisse füllen Bücher in unzähligen Regalreihen. In diesem Buch geht es um die Wirkung sprachlicher Formulierungen, und dieser Aspekt fällt hauptsächlich in das Feld der Psychologie und der Kommunikationswissenschaften (siehe Rickheit, Sichelschmidt & Strohner 2018).

Es gibt in diesen Disziplinen eine ziemliche Bandbreite an Modellen und Ansätzen, die jedoch kaum in ihrer Gesamtheit zum praktischen Einsatz kommt. Dazu ein Beispiel: Als Professorin für Angewandte Psychologie sollte ich im Modul „Mediation und Konfliktmanagement" vor den Studenten das aus den 1980er-Jahren stammende Vier-Seiten-Modell von Schulz von Thun rauf und runter beten. Auch als Managing Consultant einer sich als ultra-modern bezeichnenden Unternehmensberatung war es meine Aufgabe, selbiges Modell deutschen Beamten im Führungstraining zu vermitteln. Es gibt jedoch weitaus mehr und darüber hinausgehende psycholinguistische Skills, die nur selten vermittelt werden. Und (auch) deshalb kommunizieren wir leider so, wie wir kommunizieren. Das Potenzial zwischenmenschlicher Gestaltungsmöglichkeiten durch einen bewussten, achtsamen und positiven Einsatz von Sprache ist bei Weitem noch nicht ausgeschöpft.

Wie wirkt Sprache?

Ich verwende in diesem Buch häufig die Bezeichnungen „Sender" (für die sprechende Person) und „Empfänger" (für die angesprochene bzw. zuhörende Person). Wie Sprache auf einen oder mehrere Empfänger wirkt, ist abhängig von dem Zusammenspiel verschiedener Faktoren, die ich hier kurz anreißen möchte:
Wo und wann findet ein sprachlicher Austausch statt? Wie läuft er ab?
Wie ist die Beziehung zwischen Sender und Empfänger?
Wie vertraut sind die Kommunizierenden miteinander?
Welche Vorerfahrungen haben sie?
Welche Persönlichkeitstypen treffen in einer Kommunikation aufeinander?
Welche Assoziationen haben die Beteiligten mit den ausgesprochenen Worten?
Wie steht es um die aktuelle kognitiv-emotionale Befindlichkeit der Kommunizierenden?

Um alle wesentlichen Aspekte zu berücksichtigen, benötigt man ein Metamodell, in dem viele Zahnräder auf multiplen Ebenen ineinandergreifen. Und dennoch könnte ein noch so ausgeklügeltes System nicht alle Aspekte abbilden, die auf kommunikativer Ebene von Bedeutung sind.

1.4 Achtsame versus unachtsame Sprache

Worin unterscheidet sich ein achtsamer von einem unachtsamen Sprachgebrauch? Diese Frage ist für dich, wenn du achtsame Sprache gewinnbringend in alltäglichen und entscheidenden Situationen einsetzen möchtest, ziemlich wichtig. Um sie zu beantworten, beschäftigen wir uns zunächst mit einigen Merkmalen unachtsamer Sprache.

Unachtsame Sprache

Grundsätzlich lässt sich feststellen: Unachtsam ist all das, was wir automatisiert aussprechen, aus Gewohnheit oder spontan-affektiv, also aus dem „Bauch heraus".

Autopilot Gewohnheitssprache

Das typische „Guten Morgen" oder die gängige Eröffnungsfrage „Wie geht's?" sind passende Beispiele für Gewohnheitssprache. Es handelt sich in der Regel um automatisierte Höflichkeitsfloskeln. Oder wünscht man mit der Grußformel seinem Gegenüber wirklich, dass es ihm an diesem Morgen außergewöhnlich gut gehen soll? Auch gibt es wohl eher selten ein tiefer gehendes Interesse daran, wie es dem anderen gerade geht.

Selbstexperiment 1

Wenn du in dieser Woche außerhalb eines Coaching- oder Therapiekontexts gefragt wirst, wie es dir geht, antworte ausführlich und differenziert und meide die vorprogrammierte Höflichkeitsantwort „gut".

Beobachte dann die Reaktion des Fragenden. Ist die andere Person überrascht? Hört sie aufmerksam zu und geht auf deine Antwort ein, insbesondere dann, wenn es dir nicht gut geht? Oder hat sie nicht mit einer ehrlichen und ausführlichen Antwort gerechnet und versucht nun, das Gespräch schnell zu beenden oder umzuleiten, um die „Büchse der Pandora" schnell wieder zu schließen?

Selbstexperiment 2

Wie häufig hast du in dieser Woche „Guten Morgen“ gesagt oder jemanden gefragt, wie es ihm geht? In welcher dieser Situationen wolltest du tatsächlich im jeweiligen Moment tiefer ins Gespräch einsteigen und hast dich für Details zum Befinden des anderen interessiert?

∞

Selbstzentriert-affektiver Autopilot

Unachtsame Sprache ist auch dadurch gekennzeichnet, dass der Sprecher sich vorab keine konkreten Gedanken darüber macht, wie das Gesagte auf den Empfänger wirken könnte. Vielmehr spricht (und schreibt) er, ungeachtet der Folgen, nur aus seiner Perspektive oder dem eigenen Gefühlszustand heraus. Typisch hierfür sind Situationen, in denen Experten in ihrer Fachsprache zu Laien sprechen, beispielsweise Ärzte zu Patienten, Juristen zu Mandanten, Politiker in Interviews zur Bevölkerung. Kaum jemand macht sich vorher bewusst, welche Begriffe die Zuhörerschaft kennt und versteht. Doch auch die Verwendung von Umgangssprache kann sehr unachtsam sein, etwa wenn ein Führungskräfteberater ein Beratungsgespräch bei der Polizei oder Bundeswehr mit den auffordernden Worten „Schießen Sie los!“ eröffnet. Für diesen spezifischen Kontext ist das ein unachtsames Opening.

Ebenfalls typisch sind Situationen, in denen der Sender achtlos über Dinge spricht, die ihn bewegen, ohne sich der wunden Punkte des Empfängers bewusst zu sein. Wenn eine Freundin der anderen, die gerade von ihrem Freund verlassen wurde, ausschweifend in den rosigsten Farben über ihr aktuell überwältigendes Liebesglück berichtet, ist das achtlos.

Wer achtlos spricht, hat zuvor seine Worte nicht reflektiert und sich nicht bewusst gemacht, welche Konsequenzen sie unmittelbar und langfristig für die andere Person, die gemeinsame Beziehung oder eine gesellschaftspolitische Situation haben werden. Günter Schabowski war sich bestimmt nicht bewusst, dass er mit seiner kurzen Aussage die deutsche Wiedervereinigung beschleunigen und viele tausend Menschen aktiv und unmittelbar zum Ausreisen animieren würde ...

Negative achtsame Sprache

Zuvor haben wir uns mit einigen Beispielen für unbewusste, unüberlegte und vielleicht auch ungewollte sprachliche Äußerungen beschäftigt und sie als unachtsamen Sprachgebrauch charakterisiert. Wie aber könnten wir einen Sprachgebrauch bezeichnen, wenn negativ-psychologische Sprache reflektiert, bewusst und willentlich eingesetzt wird? Ich nenne das negative Achtsamkeit. Das erscheint zunächst paradox, wird doch Achtsamkeit mit positiven Begriffen wie Güte, Dankbarkeit und Wohlwollen assoziiert. Doch alles im Leben hat eine Kehrseite. Auch die Achtsamkeitsphilosophie betont – sogar besonders – die Dualität (Zweiheit bzw. Gegensätzlichkeit) aller Dinge, und deshalb gibt es leider auch eine negative Variante achtsamer Sprache. Hiermit haben wir es immer dann zu tun, wenn ein Sender etwas mit voller Bewusstheit und Vorsatz formuliert, um negative Reaktionen zu provozieren.

Negative achtsame Sprache lässt sich mit **negativer Empathie** vergleichen, wie man sie in der Forensischen Psychologie erkannt hat. Empathie – die Fähigkeit, die Perspektive eines anderen einzunehmen, sich in seine Gefühlswelt zu versetzen, die Welt durch seine Augen zu sehen oder sie in seinen Schuhen zu erspüren – ist insgesamt etwas sehr Positives. Paradoxerweise ist sie auch bei den destruktivsten Psychopathen vorhanden, wird jedoch zu manipulativ-destruktiven Zwecken eingesetzt.

In der Forensischen Psychologie nutzt man eine spezielle Checkliste (Hare 2005), um gerade mangelnde Empathie als Kriterium für Psychopathie abzuprüfen. Doch tatsächlich bedienen sich Psychopathen der eigentlich positiven Gabe des emotional-empathischen Einfühlens, um so Informationen zu gewinnen, die ihnen helfen, Menschen zu manipulieren und ihnen zu schaden. Ein psychopathischer Entführer etwa wird sein prospektives Opfers eingehend beobachten, sich in dessen Gefühlswelt begeben und daraus ein manipulatives Entführungsszenario entwickeln. Wenn z. B. der Psychopath herausfindet, dass sein zukünftiges Opfer sehr hilfsbereit ist und nur schlecht Nein sagen kann, wird er der Person vielleicht vorspielen, verletzt zu sein und sie auf diese Weise in einen Hinterhalt locken.

Und wenn du nun glaubst, dies beschränke sich auf wenige psychopathische Serientäter, liegst du leider falsch! Im täglichen Leben sind wir umgeben von sogenannten White-Collar-Psychopathen. Oft besetzen sie Chefposten in Wirtschaft und Politik, in Banken und im Sport, ja selbst in Behörden und Non-Profit Organisationen. Es handelt sich also um überaus „ehrenhafte" Zeitgenossen, die kaum riskieren, sich jemals für das, was sie tun, vor Gericht verantworten zu müssen. Doch auch sie schaden anderen, um sich selbst zu bereichern, um beruflich aufzusteigen und weniger abgebrühte Kollegen auszuschalten. Persönliche Vorteile sind jedoch nur ein Aspekt ihrer Motivation. Der Machtrausch des Gewinnens und die Aussicht, mit unmoralischen Mitteln davon zu kommen, während andere leiden, feuert ihre Lust an.

Solche Menschen findet man aber nicht nur auf Führungsebene. Hattest du schon einmal einen Finanzmakler bei dir zu Hause, der dich überzeugt hat, alle bestehenden Versicherungen und Investments zu kündigen und lieber in seine Produkte zu investieren? Dann erinnerst du dich vielleicht auch an einige seiner negativ-empathischen Strategien und an in etwa diesen Ablauf: Da kommt jemand zu dir, in dein vertrautes Zuhause, macht Komplimente, erkundigt sich scheinbar interessiert nach Kindern, Haustieren und all dem, was dir offensichtlich lieb und wichtig ist. Gemeinsam trinkt ihr etwas und du merkst gar nicht, wie er mithilfe kalkulierter Empathie eine persönliche Bindung und damit Vertrauen aufbaut. Am Ende fällt es dir schwer, NEIN zu sagen, wenn du die neuen Verträge unterzeichnen sollst. Du lässt dich auf folgenschwere finanzielle Verpflichtungen ein, während dieser vermeintlich nette Mensch satte Provisionen kassiert. Ein echtes Interesse an dir hatte er jedoch nie.

Doch nicht nur negative Empathie, sondern auch negative achtsame Sprache kann sich überall etablieren: in der Politik, in den Medien, im Verkauf und in der Werbung. Das passiert nicht zuletzt deshalb, weil es in unserer Gesellschaft kaum Bemühungen dafür gibt, positive achtsame Sprache zu fördern.

Kurze Slogans prägen sich gut ein und beeinflussen das Kauf- und Wahlverhalten. Schauen wir uns dazu Beispiele an:

Erinnerst du dich noch an „Geiz ist geil!"? Dieser Slogan fand seinerzeit viel Aufmerksamkeit – die Grundvoraussetzung dafür, dass Menschen sich für ein Produkt oder Angebot überhaupt interessieren. Wir finden hier eine Kombination des Negativbegriffs *Geiz* mit dem sexualisierten Modebegriff *geil*. Geiz, eigentlich ein nicht anstrebenswertes Laster, erscheint durch diese Kampagne und in Verbindung mit dem Wort „geil" plötzlich als etwas Lustvolles. Geizig zu sein wird so „rehabilitiert" und salonfähig gemacht – und die Werbung weist den Weg, wo der Geiz am besten ausgelebt werden kann.

Ein anderes Beispiel: Im politischen Diskurs werden demagogische Begriffe kalkuliert eingesetzt, um Angst zu schüren. Ein eindrucksvolles Beispiel hierfür ist der etwa 25 Jahre alte Slogan „Kinder statt Inder" – eine Replik auf die von der damaligen Bundesregierung betriebene Anwerbepolitik ausländischer Fachkräfte. Mit dem Slogan wurde jedoch die gesamte indische Nation und damit der bald größte Teil der Weltbevölkerung abgewertet. Und ein kleines Wort, nämlich *statt*, hat hier eine große Wirkung, denn es suggeriert eine Konkurrenz zwischen Kindern und Indern. Oder anders gesagt: Kinder seien durch Inder in ihrer Existenz bedroht. Und hier zeigt sich eine Eigenheit negativer achtsamer Sprache: Sie hat das Ziel zu spalten, anstatt zu integrieren und Menschen miteinander zu verbinden.

Es ist wohl kaum nötig, diese „Bedrohung“ zu widerlegen. Auch ging das demagogische Kalkül damals kaum auf, denn der Slogan erntete hauptsächlich Häme. Doch auch die Anwerbungspolitik der Bundesregierung lief ins Leere, denn schon damals war es für gut ausgebildete Inder überhaupt nicht erstrebenswert, nach Deutschland zu kommen. Sie hatten und haben weltweit bessere Möglichkeiten als hierzulande, wo sie es mit einer unlogisch-komplizierten Sprache, bürokratischen Hindernissen und wirtschaftlichem Verfall zu tun bekommen. Qualifizierte Inder optieren deshalb lieber für die USA, das Vereinigte Königreich, die Vereinigten Emirate oder unterstützen den Wirtschaftsboom in ihrem eigenen Land.

Positiv- und Negativstempel

Wenn von *Wirtschaftsweisen* die Rede ist: Welche Assoziationen weckt der Begriff bei dir? Vermutlich, dass es sich um Menschen handelt, die klüger sind als die restliche Bevölkerung. Um Menschen, die vieles besser wissen und deren Empfehlungen man unreflektiert folgen sollte, da sie die höchste wissenschaftliche Instanz darstellen. Dass sie für dieses Gremium ausgewählt wurden und dass das Gremium in anderer Besetzung vermutlich zu ganz anderen Empfehlungen kommen würde, wird ausgeblendet. Der Positivstempel funktioniert: Die Weisheit der Berufenen ist unantastbar. Ähnliches gilt übrigens für „Expertenräte“, die ebenfalls den Anstrich von Allwissenheit bekommen.

Doch es gibt auch die andere Seite, wo mit dem scharfen Schwert der Sprache ganze Bevölkerungsgruppen mundtot gemacht werden können. Denk nur an Begriffe wie *Klima-Kleber, Corona-Leugner* und *Verschwörungstheoretiker.* Allesamt sind sie negativ abgestempelt und werden sprachlich degradiert. *Klima-Aktivisten* hingegen gelten als positiv, ähnlich wie *Influencer,* eine positiv-assoziierte neue Berufsgruppe, die inzwischen beträchtliche Umsätze macht und als moralisches Vorbild gehypt wird.

Eine negative achtsame Sprache trägt dazu bei, ganze Menschengruppen und Bevölkerungsschichten undifferenziert über denselben sprichwörtlichen Kamm zu scheren. Feinheiten und Differenzierungen fallen unter den Tisch, etwa wie bei Impfskeptikern, die aufgrund fehlender Langzeitstudien vorsichtig und wissenschaftsorientiert während der Covid-19-Pandemie mögliche Impfrisiken ansprachen und als unsolidarische Leugner in eine Exklusionsecke verwiesen und mundtot gemacht wurden.

Die Meinungen und Sorgen Einzelner werden zunehmend politisiert und moralisiert. Zwar gibt es die Meinungsfreiheit, und doch herrscht eine Art von Polarisierung, die dazu führen kann, dass man sich ganz schnell einer Seite, einem Lager zugeordnet sieht. Der so dringend notwendige offene Diskurs wird nur noch von denjenigen geführt, die es ertragen können, u. U. dafür öffentlich an den Pranger gestellt zu werden.

Positive achtsame Sprache

Bei einer positiven achtsamen Sprache sind zwei Aspekte von Bedeutung:

1. Eine positive achtsame Sprache setzt – genauso wie eine negative achtsame Sprache – Bewusstheit und Reflexion über die unmittelbaren und weitreichenderen Konsequenzen einer Äußerung voraus.
2. Eine positive achtsame Sprache entsteht immer aus positiven und genuinen Beweggründen heraus, um lösungsorientiert und wohlwollend-ehrlich zu deeskalieren. Sie ist die Sprache eines positiven Verstandes und einer mitfühlenden Seele.

∞

1.5 Gewinnende Gesprächsführung mithilfe einer achtsamkeitsbasierten Sprache

Ja, es stimmt: Du kannst mit positiver achtsamer Sprache als Gewinner aus einer Diskussion hervorgehen. Auch wenn zu gewinnen einen positiven Effekt hat, ist das Hauptziel nicht ein solcher Sieg in der Sache. Vielmehr besteht es darin, Menschen für sich zu gewinnen und menschliche Beziehungen nährend zu gestalten. Unter *gewinnender* Gesprächsführung verstehen wir hier also die Fähigkeit, kommunikative Prozesse positiv und konstruktiv umzulenken, sodass Empfänger als Bindungspersonen gewonnen werden und aus dem Gespräch keine Verlierer hervorgehen.

Wenn ich im Folgenden den Begriff *achtsame Sprache* verwende, verstehe ich ihn immer im Sinne einer *positiven* achtsamen Sprache, deren „DNA" bzw. „grammatikalische" Prinzipien du in Teil II kennenlernen wirst. Indem du dir diese Prinzipien aneignest und sie dann getreu umsetzt, bleibst du vorerst auf einem mechanischen Level. Ein Virtuose wirst du jedoch erst dann sein, wenn du auf einer höheren spirituell-psychologischen Ebene reflektierst und den positiven Rahmen beherzigst, in den die Prinzipien und ihre Anwendung eingebettet sind.

Selbsterfahrung: Drei buddhistische Tore bzw. drei sokratische Siebe

Um den positiven Rahmen zu kultivieren, stell dir, bevor du etwas kommunizierst, folgende Fragen:

1. Ist es wahr?
2. Ist es gütig?
3. Ist es sinnvoll?

Mit *wahr* ist objektive Wahrheit gemeint, nämlich, dass die Aussage eine Tatsache beschreibt und keine Vermutung oder subjektive Interpretation.

Gütig bedeutet in diesem Fragekontext, ob es wohlwollend ist für die beteiligten Personen, also für Empfänger, Sender und für die Personen, über die gesprochen wird.

Wenn eine Nachricht *sinnvoll* ist, setzt dies voraus, dass positives Wachstum oder eine gütliche Stimmung daraus resultieren werden.

Erinnere dich jetzt bitte daran, wann dir zuletzt jemand etwas über eine andere Person erzählt hat, z. B. ein Kollege über einen anderen Kollegen, ein Freund über einen anderen Freund. Vielleicht wurde ein wenig gelästert oder es gab einen Moment der Sensationslust. Bitte reflektiere:

Kurze Situationsbeschreibung:

Was mir gesagt wurde:

Frage dich nun:

1. War das, was mir berichtet wurde, eine Tatsache, für die es keine alternativen Interpretationen gibt?
2. Ist das, was mir berichtet wurde, aus echtem Wohlwollen gesagt worden – für die betreffende Person und mich?
3. War es sinnvoll, mir dies mitzuteilen? Konnte es zu einer positiven Wendung führen oder hat es eher eine negative Ader oder Sensationslust aktiviert?

Nun wiederhole diese Übung selbstkritisch in Bezug auf eine exemplarische Situation, in der du selbst Dinge kommuniziert hast, die die drei buddhistischen Tore oder sokratischen Siebe nicht passiert hätten und reflektiere, was dich dazu bewogen hat, Dinge zu sagen, die nicht gesichert wahr, nicht wohlwollend-gütig oder in ihrer Folge nicht sinnvoll waren.

Kurze Situationsbeschreibung:

Was ich gesagt habe:

1. War das, was ich gesagt habe, eine Tatsache, für die es keine alternativen Interpretationen gibt?
2. Ist das, was ich berichtet habe, aus echtem Wohlwollen mitgeteilt worden – für die betreffende Person und für meinen Empfänger?
3. War es sinnvoll, diese Botschaft dieser Person mitzuteilen? Konnte sie zu einer positiven Wendung beitragen oder hat sie eher eine negative Ader aktiviert?

Was hat dich angetrieben? Gewohnheit? Hat es dir in dem Moment vielleicht das Gefühl gegeben, durch das gemeinsame Lästern der anderen Person nahe zu sein und du hast dich mit ihr gegen eine dritte Person verbunden gefühlt? Hast du dich vielleicht bedeutsam gefühlt, eine „heiße“ Nachricht exklusiv zu verbreiten?

Ergebnisse meiner Selbstreflexion:

Mach dir auch bewusst, wie häufig du Botschaften in deinem Leben kommuniziert oder Botschaften anderer in dich aufgenommen hast, die aufgrund der drei buddhistischen Tore bzw. sokratischen Siebe niemals hätten ausgesprochen werden oder in Nachrichten oder Posts hätten geschrieben werden sollen.

Sokratisches Denken steht für den weisen Einsatz des Verstands, buddhistisches Mitfühlen für die Kultivierung einer liebevollen Seele. Die Kombination beider Metaphern wird dir künftig dabei helfen, achtsam zu denken und achtsam deine Worte zu wählen.

Nutze diese Woche, um alles, was du gerade aussprechen möchtest, vorher zu sieben. Passiert es nicht alle drei Tore bzw. Siebe, sprich es nicht aus! Wenn du spürst, dass dir gleich jemand etwas erzählen wird, das subjektiv eingefärbt, negativ und sinnlos ist, stoppe die Gesprächssituation zum Wohle deiner eigenen Psychohygiene (Reinheit der Psyche) und höre es dir gar nicht erst an!

Berichte mindestens drei anderen Personen von dem psychohygienischen Prinzip der drei buddhistischen Tore bzw. sokratischen Siebe, die eine Botschaft zuvor passieren sollte, um ausgesprochen zu werden. Deine Erklärungen werden auch bei dir zu einer positiven Bewusstseinsvertiefung führen, und zugleich multipliziert sich diese Form der Psychohygiene in deinem persönlichen Umfeld.

2. Warum kommunizieren wir überwiegend unachtsam?

Warum ist unser Sprachgebrauch in der Regel unachtsam? Wenn wir an dieser Gewohnheit etwas ändern wollen, kommen wir um eine Beschäftigung mit dieser Frage nicht herum. Und ein Teil der Antwort lautet: Wir leben nicht im luftleeren Raum, sondern sind vielen äußerlichen Einflüssen ausgesetzt – familiären wie gesellschaftlichen. Und mache Faktoren, die uns prägen, überschreiten sogar Generationengrenzen.

2.1 Äußerliche Einflüsse, die uns prägen

Warum tun wir, was wir tun – und warum tun wir es auf eine bestimmte Weise? Unser Verhalten ist maßgeblich davon abhängig, welche Erfahrungen wir im Leben machen und gemacht haben. Und das gilt auch für unser Sprachverhalten. Kommen wir mit bestimmten Formulierungen gut an, stoßen wir auf Zustimmung oder werden wir gar gelobt für etwas, das wir gesagt haben, ist die Wahrscheinlichkeit groß, dass wir auch weiterhin auf genau diese Art und Weise sprechen werden. Belohnung ist ein positiver Verstärker. Und wir fühlen uns darin bestärkt, dieselbe oder ähnliche Formulierungen zu wiederholen, mit der Aussicht auf erneuten „Beifall".

Aber auch hier gibt es die andere Seite: Wir kommen mit unseren Äußerungen nicht gut an, werden gescholten oder kritisiert. Das kommt einer Bestrafung gleich und die wirkt als negativer Verstärker. Wir lernen dann, solche Formulierungen nicht zu wiederholen, um der Strafe zu entgehen, die auch darin bestehen kann, dass uns Zuwendung (= positive Verstärkung) entzogen wird. Das kann bis zum gesellschaftlichen Ausschluss, bis zur Ausgrenzung gehen. Wenn z. B. unsere Peer Group oder Familie uns auszuschließen droht, weil wir etwas auf eine bestimmte Weise sagen, wollen wir diese Ausgrenzungsstrafe nach Möglichkeit vermeiden. Deshalb lernen wir, so zu sprechen, wie es von unserem sozialen Umfeld gewünscht und positiv verstärkt wird.

Noch etwas anderes wirkt prägend und konditionierend: Gesellschaftliche Übereinkünfte darüber, was als gut und richtig und was als schlecht und unpassend gilt. Viele sogenannte Tugenden (Geduld, Respekt, Treue, Hilfsbereitschaft, Fleiß etc.) sind tief in uns verankert. Und auch wenn es gesamtgesellschaftlich längst nicht mehr um alle gut bestellt ist: Das Gebot der Bescheidenheit ist wohl unverwüstbar. Wer sich zu den Babyboomern – übrigens ebenfalls ein gesellschaftlich geschaffener und inzwischen schuldbelegter Sammelbegriff – zählt, kennt wahrscheinlich Poesiealbumsprüche wie:

„Sei wie das Veilchen im Moose, sittsam, bescheiden und rein
und nicht wie die stolze Rose, die immer bewundert will sein."

„Bescheidenheit ist eine Zier, reicher wirst du nur mit Gier!"

Wer sich unbescheiden gibt, gilt als gierig und nicht „sittsam" – auch heute noch. Wer überzeugt-selbstsicher auftritt, sieht sich nicht selten als „Angeber" tituliert.

Prägende Erfahrungen können aber auch von einer Generation auf die andere übertragen werden. Von den heute in Deutschland lebenden Menschen haben die meisten die Zeit des Nationalsozialismus und den Zweiten Weltkrieg nicht selbst miterlebt. Trotzdem gibt es ein Gefühl, für die Schuld, die unsere Eltern und Großeltern auf sich geladen haben, weiterhin geradestehen zu müssen und uns deshalb kleinlaut, demütig und ganz besonders selbstkritisch zu geben. Keine Frage: Aus der Geschichte muss man lernen, aber es sollte ein konstruktives Lernen sein und nicht in einen überkritischen Negativismus münden.

Überhaupt leben wir in einer Zeit, in der viele Menschen sehr sensibel auf bestimmte Worte oder Formulierungen reagieren. Der positive Aspekt ist: Wenn wir uns etwas davon annehmen mögen, machen wir uns mehr Gedanken über die Wirkung unserer Sprache und treffen eine bewusstere Wortwahl. Allerdings – und das ist der negative Aspekt – sind die Empfindlichkeiten hinsichtlich einer bestimmten Wortwahl bei allen Menschen hierzulande unterschiedlich stark ausgeprägt. Manche empfinden es so, als seien Worte aus dem Vokabular gestrichen. Jede Aussage bedeute, vermintes Gebiet zu betreten, freies Sprechen komme einem Spießrutenlauf gleich. Manche Worte sind in unserer Gesellschaft faktisch verboten. Oder wie geht es dir, wenn du z. B. *Endlösung* hörst? Würdest du dieses Wort, das erstmal nur beutet, eine endgültige, finale Lösung für etwas zu finden, ohne Bedenken verwenden? Oder empfindest du es als fest mit extremistischen Einstellungen verbunden und damit als *rechtes Gedankengut*? Auf die Kombination negative Konnotation mit dem positiven Wortanteil „gut" bin ich ja bereits in Kapitel 1 kurz eingegangen.

Die Worte, die wir benutzen, sind der Spiegel unserer Kultur und des aktuellen Zeitgeists – und der springt stark auf negative Tendenzen an. Auch Medienpsychologen haben erkannt, dass Werbung – sowohl für Produkte als auch für Personen – über einen Negativfokus bessere Ergebnisse verspricht als positive Assoziationen. Deshalb haben sich Werbeclips stark zum Negativen hin verändert, setzen eher auf Schock als auf Positivassoziationen. Auch in der Welt der Stars und Sternchen gilt: Hauptsache in den Schlagzeilen – und je negativer diese ausfallen, desto mehr Aufmerksamkeit winkt. Auch die die öffentliche Debatte um den bayrischen Politiker Aiwanger – hatte er das Flugblatt mit rechtsextremen Inhalten als Jugendlicher selbst verfasst oder nicht? – führte paradoxerweise zu einem eindeutigen Anstieg seiner Umfragewerte. Negative Nachrichten verkaufen sich gut und weil Verkaufszahlen auch in der Welt der Medien zählen, wird überwiegend inhaltlich Negatives im negativen „Sprachmantel" publiziert. Positive Nachrichten bleiben, wenn sie überhaupt vorkommen, eine unbedeutende Randnotiz.

Stellen wir uns umgekehrt vor: Welches Veränderungspotenzial könnte freigesetzt werden, wenn wir überwiegend eine achtsame Ansprache erfahren würden – schon in der Kindheit, z. B. in der Schule –, die uns entsprechend positiv prägt. Welch positive Stimmung, positive Gedanken und einen würdigen Umgang miteinander könnten wir auf diese Weise kultivieren (Sohr & Wilms 2023)?

Im *World Happiness Report* wird Jahr für Jahr erhoben, in welchen Ländern die Lebenszufriedenheit am höchsten ist. Skandinavische Länder wie Finnland, Dänemark oder Norwegen liegen hier regelmäßig an der Spitze. Menschen in Ländern mit höherem Glücksniveau werden auch gesellschaftspolitisch und medial mit positiver Sprache genährt. Damit ändert sich nicht nur die Einfärbung der Sprache, sondern auch der Fokus, das Denken und die Art und Weise, wie die Menschen miteinander umgehen. Es gibt mehr von positivem Stress (Eu-Stress) geprägte Phasen der mentalen Rehabilitation im Alltag. Die Menschen bleiben länger psychisch und physisch gesund, weil der Organismus gesunde Ruhephasen erlebt, anstatt in einer Dauerstressschleife gefangen zu sein. – Deutschland ist in diesem Ranking derzeit auf Platz 24. Es gibt noch Luft nach oben.

∞

2.2 Transgenerationale Weitergabe durch Nachahmung

Wie ich bereits beschrieben habe: Unsere sprachlichen Gewohnheiten erlernen wir über positive und negative Verstärker (Konditionierungsprozess). Wir lernen aber auch durch Beobachtung von Sprache – wie sie tagtäglich über die Medien an uns herangetragen wird; wie wir sie in der Schule und bei der Arbeit hören. Und wir lernen durch das, was uns sprachlich in unseren Familien vorgelebt wird. Natürlich ist Sprache kein statisches System, sondern sie wandelt und entwickelt sich. Manche Wörter werden kaum noch verwendet oder verschwinden ganz, andere kommen neu dazu. So führen z. B. jugendsprachliche Einflüsse zu immer neuen Wortschöpfungen (Heine 2021). Doch unabhängig von bestimmten Begriffen: Ob unsere Sprache eher negativ oder positiv gefärbt ist, scheint familienintern von Generation zu Generation (= transgenerational) weitergegeben zu werden.

Gerade in Deutschland ist die Eintrübung hin zum Negativen besonders sichtbar. Weil Bescheidenheit und Demut gesellschaftlich und auch in uns selbst so stark verankert sind, haben wir einfach nicht gelernt, uns selbst und andere angemessen zu loben. „Das hast du gut gemacht!" geht uns, ohne Einschränkungen und Relativierungen, nur sehr selten und sehr schwer über die Lippen. Häufiger verwendet wird eingeschränktes Lob im Sinne von *„Das ist eigentlich gut"*. Die gängigste Form ist jedoch verhaltenes Lob, das sich eines Negativfilters bedient. Ein Paradebeispiel hierfür ist der Satz: *„Das ist eigentlich gar nicht sooo schlecht!"* Er beinhaltet das Wort *schlecht,* die Einschränkung *eigentlich* und die Negation *nicht.*

Ist in einem bestimmten sozialen Umfeld oder in einer Familie über mehrere Generationen hinweg eine negative Kommunikationsweise die dominierende Art des Sprachgebrauchs, wird daraus eine Tradition. Mit jeder Wiederholung kerbt sie sich tiefer in das Sprachgedächtnis ein und generalisiert sich. Alternative sprachliche Formulierungen mit positiver Wortwahl kommen aufgrund dieser Gewöhnung (Habituation) gar nicht mehr infrage.

Was man gelernt hat, kann man auch verlernen, man kann umlernen und Neues lernen. Wenn du daran interessiert bist, dass deine Kinder schon früh ein gutes Sprachbewusstsein entwickeln, bietet sich die Gewaltfreie Kommunikation (GFK) als Ansatz an. Hier gibt es hilfreiche Fachliteratur für Eltern (z. B. Sikor & Klein 2023), aber auch für Erwachsene, die sich mit der GFK vertraut machen wollen. Und natürlich lernst du hier in diesem Buch, wie du auf der Basis von Achtsamkeit deine Sprachgewohnheiten verändern kannst. Und du lernst es nicht nur für dich selbst, denn wie du inzwischen weißt, gibst du dein Sprachverhalten auch weiter. Und so wirst du von der nachwachsenden Generation mit deinen Fähigkeiten als achtsamkeitsbasierter Kommunikator nachgeahmt werden.

3. Chancen achtsamer und Risiken unachtsamer Sprache

Warum sollten wir darüber nachdenken, anders zu kommunizieren? Warum sollten wir eine andere Kommunikationsweise gar lernen? Schließlich wissen wir doch, dass auch hinter „Gar nicht sooo schlecht" ein Lob versteckt ist, das wir leicht dekodieren können. Für die Risiken unachtsamer Sprache und die enormen Chancen achtsamer Sprache – von der Privatkonversation bis hin zu Friedensverhandlungen – sensibilisiert dieses Kapitel.

3.1 Risiken unachtsamer Sprache

Grundsätzlich kommunizieren wir alle irgendwann unachtsam, selbst geübte achtsam kommunizierende Menschen. Das passiert insbesondere dann, wenn wir im stressigen Alltag auf Autopilot umschalten oder wir derart starke Gefühle erleben, dass wir unreflektiert und ungefiltert kommunizieren. Das ist normal.

Wenn Menschen jedoch dauerhaft unachtsam kommunizieren oder Heranwachsende in ihrem Umfeld fast ausschließlich von Menschen umgeben sind, die tagtäglich Unachtsamkeit „versprühen", wird auch ihre heranreifende Persönlichkeit langfristig und intensiv von Negativität geprägt. Es fällt ihnen schwerer, ein positives Selbstbild, ein positives Bild anderer und der Welt aufzubauen und zu lernen, wie sie auch in Krisensituationen lösungsorientiert und selbstsicher agieren können. Diese Fähigkeiten sind jedoch Voraussetzung dafür, dass sich psychologische Puffer entwickeln können, die ganz wichtige Funktionen haben. Sie schützen zum einen gegen die Entstehung affektiver Störungen wie Depression und sie tragen zum anderen dazu bei, eine selbstsichere und ausgeglichen schwingungsfähige Persönlichkeit zu entfalten.

Verpasste Chancen

Nicht alle Risiken unachtsamer Sprache sind gleich hoch. Die vielleicht mildeste, wenn auch nicht zu unterschätzende Form besteht darin, dass entscheidende Menschen in unserem Leben (Eltern, Lehrer, Vorgesetzte ...), die nicht effektiv loben können, auch nicht in der Lage sind, positiv zu konditionieren. Ob positives Verhalten sich festigen kann, ist nämlich maßgeblich abhängig von der Häufigkeit,

Unmittelbarkeit und Intensität der positiven Verstärker (siehe Kapitel 2). Und Lob ist ein wichtiger positiver Verstärker.

Im besten Fall sind mühsam sich abgerungene und sparsam eingesetzte Äußerungen wie „gar nicht sooo schlecht", „eigentlich gar nicht sooo übel" oder „weniger hässlich als gedacht" wirkungslos. Eine motivierende Botschaft kommt beim Empfänger nicht an. Das Gehirn ist darauf geprimt, Emotionen auszuschütten, die semantisch (inhaltlich-bedeutungsvoll) mit den Worten verbunden sind. Diese positiv oder negativ gekoppelte Bedeutung löst in Sekundenschnelle Gefühle aus, die wiederum zur Ausschüttung von Hormonen und körperlichen Reaktionen führen.

Um eine positive Assoziation mit angenehmen Gefühlen und der Ausschüttung von Glückshormonen auszulösen, die dann als positiver Verstärker dient, ist also der Gebrauch stark positiver Worte ausschlaggebend. Alles, was motivierend gemeint, aber nicht dazu geeignet ist, stark positive Reaktionsketten auf kognitiver (gedanklicher), affektiver (emotionaler) und biophysiologischer (körperlicher und hormoneller) Ebene auszulösen, erzielt keine motivierende Wirkung. Positives Lob darf direkt und unmittelbar sein und sollte möglichst auf verbaler und körperlicher Ebene erfolgen. Das heißt: Die Person, die du lobst, könntest du bestärkend berühren (wenn das möglich ist) oder du könntest ergänzend zum verbalen Lob eine sichtbare Geste des Lobs ausführen.

Vom Tier auf den Menschen zu schließen ist mit Vorsicht zu betrachten. Dennoch kann man Vergleiche zum Hunde- oder Pferdetraining anführen. Hat z. B. dein Hund etwas gut gemacht, würdest du ihn sofort mit direkten Worten wie „gut" oder „fein" loben und ihn bestärkend streicheln. Ich empfehle dir nicht, das 1:1 mit einem Menschen nachzumachen. Aber du erkennst vielleicht: Das Prinzip ist durchaus vergleichbar.

Negative Verstärker funktionieren ähnlich. Möchtest du jemanden deutlich auf einen Änderungsbedarf aufmerksam machen, solltest du zwar achtsame Sprache benutzen (wie du sie in den folgenden Kapiteln erlernen wirst), dich aber vor Euphemismen hüten und davor, übersteigerte Positivsprache zu verwenden; sonst kommt die Botschaft nämlich nicht an. Eine Aussage wie: *„Was du getan hast, war nicht* ***schön!***" wird ihre Wirkung verfehlen und den Empfänger kaum zu einer Veränderung aufrütteln. Was kommt bei ihm an? Nur das Wort *schön.* Außerdem sollte die verbale Aussage mit der entsprechenden Körpersprache unterstrichen werden und auf die Wahrnehmung des zu verändernden Verhaltens sollte unmittelbar die Aufforderung folgen, es zu ändern.

∞

Autosuggestive Beeinflussung

Wir kommunizieren nicht nur nach außen mit anderen, sondern wir führen auch ständig einen inneren Dialog. Wer insgesamt nach außen eher unachtsam kommuniziert, kommuniziert auch innerlich nicht besonders achtsam. Ganz im Gegenteil: Im Kopf entstehen Gedanken mit negativ besetzten Worten und so schicken sich diese Menschen mittels ihrer inneren Stimme dauerhaft Negativbotschaften. Unbemerkt suggerieren sie sich Angst, Zweifel, eine innere Enge und Missmut. Man kann diesen Zustand mit einem Kopfkino vergleichen, das in Dauerschleife Negativfilme abspielt, in denen der Betroffene Hauptakteur ist.

Menschen, die achtsam mit anderen kommunizieren, nutzen diese positiv-öffnende Kommunikation automatisch auch im inneren Dialog. Wohlwollend und mutmachend befähigen sie sich selbst dazu, an sich zu glauben, sich zu trauen und sowohl liebe- als auch verständnisvoll mit sich umzugehen. Sie nehmen auf diese Weise positiv Einfluss darauf, zu was für einer Art Mensch sie werden. Es hängt von der Qualität des inneren Diskurses ab, ob ein Mensch sich mit der Macht der eigenen Gedanken selbstzerstörerisch „vergiftet" oder selbstfürsorglich emotional nährt.

„Der Mensch ist, was er denkt, was er denkt, strahlt er aus. Was er ausstrahlt, zieht er an." Dieser Ausspruch stammt von dem Dramatiker und Lyriker Friedrich Hebbel. Daran ist alles richtig, es fehlt jedoch noch etwas: *„... und was du denkst, wird davon bestimmt, wie achtsam deine innere Stimme mit dir spricht"*. Und ganz wichtig: Eine empathische und positive Selbstkommunikation ist lernbar (siehe Fritsch 2008).

∞

Zwischenmenschliche Eskalationen

Egal, in welcher zwischenmenschlichen Konstellation, ob in einer Partnerschaft, in einer familiären oder freundschaftlichen Beziehung, unter Kollegen oder zwischen Geschäftspartnern, Parteigenossen, politischen Gegnern: Immer ist achtsame Sprache eine goldene Brücke und unachtsame Sprache ist ein Schleudersitz, über den man im Abgrund landet.

Du selbst wirst dich an Situationen erinnern können, in denen du etwas gesagt hast, das bei der anderen Person so angekommen ist, dass sie wütend, enttäuscht oder abwehrend reagiert hat. Genauso wirst du dich an Situationen erinnern können, in denen du selbst auf Abstand gegangen bist oder dich zum Gegenangriff gewappnet hast, weil ein Wort oder eine Formulierung dich ins Mark getroffen hat.

Mach ein kleines Experiment: Schalte den Fernseher ein und sieh dir eine Talkshow an. Dann warte auf das erste Wort, das eine Eskalation anheizt. – Es wird nicht ausbleiben!

Wie viele Dispute, Beziehungsabbrüche, ja sogar Kriege hätten sich möglicherweise verhindern lassen, wäre unachtsame Sprache durch achtsamere Formulierungsalternativen ersetzt worden!

∞

3.2 Chancen achtsamer Sprache

Als Virtuose achtsamer Sprache kannst du von Anfang an eine positive Atmosphäre schaffen, z. B. in einem Bewerbungsgespräch. Eine vermeintlich sachlich-objektivierbare Vergabe von „Rangpunkten" ist letztlich immer – zumindest unterbewusst – durch die Stimmung im Raum und vom Sympathiefaktor des Bewerbers beeinflusst.

Mithilfe achtsamer Sprache kann es dir gelingen, gleich bei einem ersten Date eine Bindung aufzubauen und damit deine Chance zu wahren, in Folgebegegnungen von dir zu überzeugen. – Das funktioniert übrigens sogar bei einem Speed-Dating.

Als Experte in achtsamer Sprache kann es dir sogar gelingen, Gegner zu Verbündeten zu machen, indem du das Gefühl von Spaltung und Anderssein überbrückst.

Es lohnt sich also allemal in die universelle Sprache der Achtsamkeit zu investieren. Sie funktioniert nicht nur in einer bestimmten, sondern in jeder beliebigen Sprache, die du gut genug beherrschst, um neutrale und positive Alternativbegriffe zu generieren.

∞

Teil II

4. Das 7 + 7 sprachlicher Achtsamkeit: Prinzipien und Strategien

Nachdem du einiges über Sprache und Achtsamkeit erfahren hast, fragst du dich vielleicht: Wie kann ich achtsame Sprache praktisch in mein Leben einweben? – Das wirst du im Folgenden erfahren, und am Anfang stehen sieben Prinzipien und sieben Strategien, die dir dabei helfen.

4.1 Die Prinzipien einer achtsamkeitsbasierten Sprache

Die folgenden Prinzipien zu beherzigen bedeutet: Du bist auf einem guten Weg, deine Kommunikation hin zu einer achtsamen Sprache weiterzuentwickeln.

Prinzip 1 – Reden ist Silber, Schweigen ist Gold

Wortmüll

Grundsätzlich gilt: Preflektiere! Das bedeutet, du machst dir klar, wie sinnhaft es überhaupt ist, etwas zu sagen – <u>bevor</u> du es aussprichst. Damit folgst du dem Sprichwort *Reden ist Silber, Schweigen ist Gold.* Was genau ist deine Motivation, ein bestimmtes Thema anzusprechen? Entscheidest du taktisch-rational oder sagst du etwas aus dem Affekt heraus und ganz unreflektiert? Ist es sinnvoll, in diesem Moment darüber zu sprechen? Lässt sich das Ziel hinter deiner Motivation tatsächlich in dieser Situation und zu diesem Zeitpunkt erfüllen, indem du es jetzt ansprichst?

Und frage dich auch einmal: Wie viele Sätze hast du in den vergangenen sieben Tagen schriftlich oder verbal kommuniziert, die belanglos und damit überflüssig waren? Wie viele deiner Äußerungen waren vielleicht sogar schädlich und konfliktschürend? Hast du beispielsweise mit jemandem über eine dritte Person gelästert? Und andersherum: Wie viele Sätze, deren Inhalt belanglos oder von einem negativen Spirit bestimmt war, hast du dir in den vergangenen sieben Tagen angehört oder gelesen? Wie viele E-Mails mit verzichtbarem Inhalt hattest du in deinem Postfach?

Mach tatsächlich die Probe aufs Exempel und verschaffe dir einen bewussteren Überblick über die vielen Worte, die du in die Welt hinaus kommunizierst oder die ungefiltert in dein Denken, Fühlen und Handeln eindringen. Wähle einen typischen

Tag und versuche, eine Stunde lang deine gesamte schriftliche wie mündliche Kommunikation[1] festzuhalten: Alles, was du sagst und schreibst, und alles, was du hörst und liest.

Dann lies durch, was du festgehalten oder zusammengestellt hast, markiere alle überflüssigen und destruktiven Sätze und addiere die Wörter dieser Sätze. Danach rechne hoch. Wenn dein Betrachtungszeitraum eine Stunde beträgt, rechne erst einen Tageswert aus: 24 Stunden minus 8 Stunden Schlaf = Multiplikator 16. Und dann erweitere deine Hochrechnung auf deine Lebenszeit. Gehe von der statistischen Lebenserwartung (in Tagen) aus, für dein Geschlecht und das Land, in dem du wohnst. Du wirst erstaunt sein, wie viel Wortmüll du selbst produzierst und wie viel Wortmüll von außen ungehindert die Grenze in dein Bewusstsein passiert.

Dieser Overload an unnötigem Wortmüll bleibt nicht ohne Folgen. Er sammelt sich im Gehirn an und ist einer der Faktoren, der bei immer mehr Menschen zu Burnout-Erscheinungen führt. Systemabsturz – wegen Überlastung kollabieren unsere kognitiven Funktionen.

Wir Menschen produzieren nicht nur Müll, mit dem wir unsere Umwelt verseuchen, sondern wir verpesten unser Miteinander und unser Innerstes mit gedachtem und ausgesprochenem Wortmüll. Die Konsequenzen im Zwischenmenschlichen können wir nur schwer abbauen oder positiv recyclen. Manchmal dauert es viele Jahre, manchmal reicht das gesamte Leben dafür nicht aus.

Was heißt das für dich? Wähle zukünftig achtsamer aus, was zu sagen sich lohnt und mit welchem konstruktiv-sinnhaften Ziel du etwas kommunizieren möchtest. Und wenn du doch in nutzlose Diskussionen verwickelt wirst, frage dich: Ist hier eine Lösung zu erwarten? Welche? Entziehe dich ansonsten dem Diskussionswirrwarr und fülle deine wertvolle Lebenszeit mit Sinnvollerem. Bist du etwas geübter in der Anwendung achtsamer Sprache, wird es dir auch gelingen, Gespräche geschickt umzulenken, anstatt dich in ihren Sog ziehen zu lassen.

Buddhistische Mönche kennen ein Schweigegebot, das eine Form der Askese ist. Sie verzichten also freiwillig auf Kommunikation. Diese Form der Enthaltsamkeit dient dem höheren Zweck der inneren Einkehr und soll verhindern, sich ständig von unwichtigen aktuellen Themen ablenken zu lassen. Wer schon einmal in einem buddhistischen Kloster mit anderen in Stille meditiert hat, in einer Kirche, Moschee oder Synagoge in Stille mit anderen Gläubigen gebetet hat oder in einer nicht reli-

1 Wenn schriftliches *und* mündliches Festhalten zu schwierig oder kompliziert sein sollte, betrachte einen Tag lang allein deine schriftliche Kommunikation.
Wenn es dir leichter fällt oder du geübter darin bist, kannst du den Zeitrahmen erweitern. Gelingt es dir, über einen ganzen Tag hinweg deine schriftliche *und* mündliche Kommunikation festzuhalten?

gionsgebundenen Gemeinschaft in Stille in sich gegangen ist, wird erfahren haben: Eine Wortlosigkeit und Stille, in der das Fallen einer Nadel hörbar ist, schafft paradoxerweise eine intensivere menschliche Nähe als tausend Worte. Dafür ist es nicht notwendig, gleich zum Asketen zu werden. Es kann schon heilsam und reinigend sein, beispielsweise einmal wöchentlich eine Schweigestunde einzulegen.

Das Sprichwort „Reden ist Silber, Schweigen ist Gold" findet sich u. a. in der Bibel wieder[2]. Es hat Jahrtausende überdauert und ist in abgewandelter Form auch in anderen Sprachen zu finden. Auf Französisch heißt es „La parole est d'argent, le silence est d'or" und auf Englisch „A shut mouth catches no flies".

Merke!

Möchtest du Wortmüll treffsicherer erkennen und den Wert des Schweigens erfahren, kultiviere einmal im Monat einen Schweigetag oder einen Schweigevormittag. Auch eine Stunde des Schweigens kann bereits ein positiver Anfang sein. Informiere deine Mitmenschen vorab über dein Vorhaben, damit sie dein Schweigen richtig verstehen. Wähle nach Möglichkeit einen Tag, an dem du allenfalls private soziale Kontakte hast, im Arbeitskontext könnte es zu einer größeren Herausforderung werden. Es könnten daraus natürlich auch positive Change-Prozesse resultieren, wenn sich z. B. ein gesamtes Team der eigenen Kommunikationsmuster bewusst wird und regelmäßig an einem bestimmten Wochentag zur gleichen Uhrzeit eine offizielle Schweigestunde einführt.

Merke!

In manchen Situationen ist es unerlässlich zu sprechen, weil Schweigen als implizite Zustimmung gewertet werden kann und ein einschreitendes „Halt!" dringend notwendig ist.

Von selbstunsicheren Persönlichkeiten einmal abgesehen, haben wir Menschen jedoch eher die Tendenz, sehr viele unnötige Worthülsen zu produzieren. Und wenn wir selbst reden, können wir nicht aktiv zuhören und es entsteht keine kommunikative Nähe. Aktives Zuhören ist eine Kernvoraussetzung dafür. Eine Brücke, die auch bei kontroversen Wortgefechten tragfähig ist, kann nur entstehen, wenn die andere Person sich gehört und verstanden fühlt.

---

2 (5) Es gibt einen, der schweigt – er wird für weise gehalten, / und es gibt einen, der wegen des vielen Redens verhasst ist. (6) Es gibt einen, der schweigt, denn er hat keine Antwort, / und es gibt einen, der schweigt, weil er den rechten Zeitpunkt erkannt hat. (7) Ein weiser Mensch wird schweigen bis zur rechten Zeit, / das Großmaul aber und der Dumme werden die rechte Zeit außer Acht lassen (Jesus Sirach 20,5 – 20,7). ↗ https://www.bibleserver.com

Timing, Placing und Pacing

Soll man etwas überhaupt ansprechen? Zu *ganz oder gar nicht* gibt es selbstverständlich Alternativen. Eine geplante Begrenzung ist oft sinnvoll und außerdem ist das *Timing* entscheidend.

Hast du einmal etwas dir sehr Wichtiges angesprochen, jedoch zu einem unglücklichen Zeitpunkt? Vielleicht war deine Äußerung in dem Augenblick der Tropfen, der das Fass zum Überlaufen brachte, weil die andere Person ohnehin derart überlastet war und ein weiteres Thema bei ihr zum kognitiven Absturz führte. Vielleicht war auch die Stimmung gerade äußerst gereizt, was nicht folgenlos für deinen thematischen Input blieb. Vielleicht passte auch einfach der Ort nicht besonders gut, weil es Unterbrechungen, Störungen und Geräusche gab. Oder das Meeting, in dem du dein Thema einbrachtest, war zeitlich begrenzt und eng getaktet.

In manchen Situationen kann eine enge zeitliche Begrenzung sehr günstig sein, etwa bei Konfliktgesprächen, die sich leicht zu bandwurmartigen Diskussionen ohne festes Ende entwickeln können.

Merke!

Timing ist für das Gelingen eines Gesprächs eine notwendige Rahmenbedingung. Hier geht es um die Wahl des passenden Moments und um eine zeitliche Begrenzung.

Gleiches gilt für den Ort, das sogenannte Placing. Sorge bei vertraulichen oder sensiblen Gesprächsinhalten für eine Atmosphäre, die Sicherheit vermittelt. Es sollte ein Ort sein, an dem Dritte nicht zuhören können und der die wichtigen Inhalte des Gesprächs tragend umrahmt.

Umrahmen bedeutet auch begrenzen. Manchmal nehmen krisenhafte Paargespräche den gesamten Wohnbereich in Beschlag, inklusive des Schlafzimmers, in dem sie erholsam ruhen und sexuelle Lust erleben möchten, und der Küche, die Mittelpunkt für nährende Energie sein soll. Eine Begrenzung auf einen klar als solchen deklarierten Konfliktlösungsort sorgt dafür, dass vergiftende Themen und Stimmungen nicht das gesamte Familienzuhause verpesten. Solche Orte können eine mit einem Seil umspannte Ecke im Haus oder ein designiertes Fleckchen im Garten oder auf dem Balkon sein. Hier können die Gesprächsparteien örtlich begrenzt negativ besetzte Themen besprechen. Den Themen wird Raum gegeben, ohne sie ausufern zu lassen. Die Variante im Freien ist besonders gut geeignet, denn hier wird in jeder Hinsicht maximal gelüftet und das negative Thema dringt gar nicht ins Innere des gemeinsamen Zuhauses ein. Bei kühlerer Witterung sorgt die Vereinbarung, Konflikthaftes nur im Garteneck zu besprechen, zudem dafür, dass das Gespräch schneller endet und möglicherweise eher einvernehmliche Lösungen gefunden werden – weil beiden so kalt ist.

Mit dem Verlassen der Wohnung sorgt man bei einer belastenden Stimmung oder einem negativ besetzten Thema außerdem für einen Perspektivwechsel. Im Garten oder auch bei einem Spaziergang eröffnet sich eine andere visuelle Szenerie, es gibt andere Gerüche und Geräusche. Die Luft schmeckt anders, die Temperatur ist anders als im Haus. Bereits diese sensorischen Veränderungen können im positiven Sinne zu einem Umschalten führen. Die Stimmung ändert sich, ganz besonders dann, wenn du den Szenenwechsel in einen anderen, begrenzten Wohnungsbereich oder eine Außenumgebung mit allen Sinnen achtsam wahrnimmst.

Merke!

Schütze dein Zuhause, bewahre es als reinen Lebensort! Vereinbare mit deinem Partner und deiner Familie, Konfliktgespräche stets in einem begrenzten, dafür vorgesehenen Bereich zu führen, der gerne auch außerhalb euerer vier Wände liegen darf. Besonders Schlafzimmer und Küche sind sakrosankt!

Wenn du sorgsam gefiltert hast und zu der Einsicht gekommen bist, dass es nötig und sinnvoll ist, eine bestimmte Angelegenheit zu thematisieren, wähle ein geeignetes Setting, das ausreichend Zeit und Ruhe bietet. Außerdem sollte eine positive oder neutrale Grundstimmung gegeben sein und der Ort muss passen. Nur mit einem achtsam gewählten *Timing* und *Placing* gibst du dem wichtigen Gespräch eine Chance auf einen lösungsorientierten und friedlichen Ausgang.

Metaphorisch ist dies vergleichbar mit einem Bild. Ohne Rahmen fällt es leicht von der Wand. Je größer das Bild, desto stabiler sollte der Rahmen sein. Je größer und gravierender das Thema ist, umso stabiler sollte der zeitliche, örtliche und atmosphärische Rahmen vorab gestaltet werden. In der britischen Armee gibt es einen Merksatz, der mit Kraftbegriffen nicht geizt, aber sehr deutlich vermittelt, wie Aktionen – hierzu zählen auch wichtige Friedensgespräche – wegen ungenügender Vorbereitung scheitern können. Gerade wegen seiner Extremsprache lässt sich der Satz sehr gut merken, und er ist trotz Negativsprache eine nützliche Ausnahme. Er lautet:

„Poor preparation makes piss-poor performance“ (PPMPPP).

Mit *Pacing* ist das Tempo gemeint, mit dem du (insbesondere kritische) Themen präsentierst und portionierst. Mach dir bewusst, wie viele Informationen und (achtsam vorgebrachte) Kritikpunkte für deinen Gesprächspartner aktuell „verdaulich" sind. Bei Kritischem ist es oft, dass gerne gleich alles auf den Tisch gepackt wird; man spricht hier auch vom *Piling-Effekt* (pile = Stapel, Haufen). Eine Entladung all dessen, was der Sender schon lange mal loswerden wollte, überfordert den Empfänger. In seinem Kopf öffnen sich dann so viele Tabs, dass sein Computer namens Gehirn abstürzt und er selbst nicht mehr empfangsbereit ist. *Pacing* kann auch Pausenzeiten inkludieren, außerdem die Strukturierung von Themenbereichen, damit sie ohne viel Hin- und Herspringen übersichtlich bleiben.

Merke!

One at a time! Portioniere deine Botschaften achtsam, damit sie innerhalb der aktuellen kognitiven Kapazitäten des Empfängers liegen und entsprechend verarbeitet werden können.

∞

Aktives Zuhören

Aktives Zuhören ist eine Kernfähigkeit und unabdingbare Voraussetzung für positive Kommunikation. Außer in spezialisierten Kommunikationstrainings gibt es jedoch leider sehr wenige Möglichkeiten, diese Fähigkeit zu erwerben. Weder in der Schule noch im Beruf gibt es hierzu hinreichende Angebote. Aktives Zuhören bedeutet, dass man den eigenen inneren Dialog vorerst zurückstellt, um ganz bei der anderen Person zu sein, akustisch, visuell, kognitiv und emotional. Was man dafür braucht, ist Empathie: Höre dem zu, was die andere Person sagt und wie sie es sagt. Versuche, dich in die Welt des anderen hineinzubegeben und seine Sichtweise nachzuvollziehen. In dem Moment ist es ein wenig so, als wärest du der andere. „Wärest" ist hier ganz wichtig, denn du *wirst* nicht zu deinem Gegenüber, du bleibst du, mit deiner eigenen Sichtweise. Es ist nicht erforderlich, den Ansichten und Auffassungen des anderen zuzustimmen, sondern die Bereitschaft zu haben, sie nachzuvollziehen, um das Denken und Fühlen des anderen genauer zu verstehen und nachzuempfinden.

Als sehr junge Psychologin in Deutschlands größter Forensischer Psychiatrie habe ich mit Menschen gesprochen, die unfassbare Straftaten begangen hatten. Moralisch und juristisch sind sie streng zu verurteilen. Doch ich wollte erfahren, wie sie denken, welche Entscheidungen ihren Handlungen vorausgehen und wie man sie – wenn überhaupt – heilen kann. Unter welchen Bedingungen könnten sie wieder gefährlich für andere werden? Um das zu klären, war es unerlässlich, mich in ihre so abgründige Welt zu begeben – eine Herausforderung. Auch danach waren ihre Taten unverändert furchtbar, aber ich verstand, wie sie „tickten", und dieses Verständnis führte in dem Augenblick zu einer empathischen Verbindung. Sie waren bereit, mich in ihre innere Welt mitzunehmen und inakzeptable Gedanken, Gewaltfantasien und extreme Wünsche zu offenbaren.

Empathiefähigkeit und aktives Zuhören ermöglichten mir, genau zu proflektieren, welche Gesprächsthemen weiteren Informationsgewinn bringen würden und welche Triggerworte und Themenbereiche einen Gesprächsabbruch zur Folge hätten. Wer gefangen ist, dem bleibt nur noch die Freiheit der Gedanken. Deshalb geben Menschen in forensischen Kliniken, wenn sie nicht von Aufmerksamkeitssucht getrieben sind, wenig Wichtiges über sich preis, denn hier allein liegt ihre Macht. Auf der anderen Seite ist eben diese Preisgabe höchst wichtig, um eine rückfallprophylaktische Therapie zu entwickeln und ihr Rückfallrisiko einschätzen zu können. Durch die Erfahrung von Empathie konnten sie sich kommunikativ öffnen, eigene Prozesse reflektieren bzw. prospektiv erkennen, welche Situationskonstellationen sie erneut rückfällig machen würden.

Auch du kannst – auch in weniger drastischen Kontexten – mittels aktiven Zuhörens eine emotional tragfähige Brücke bauen und darüber wesentliche Informationen für sinnhafte Entscheidungen erhalten.

Aber Achtung: Man könnte dir Informationen für Zwecke entlocken, deren Sinnhaftigkeit fraglich ist. Lerne deshalb einen achtsamen Umgang mit unangemessenen Fragen.

∞

Fragen auch mal unbeantwortet lassen

Fragen sind ein wesentlicher Bestandteil unserer Kommunikation. Wie du sie professionell für dich nutzen kannst, kannst du beispielsweise bei der Journalistin Karin Kiesele (2022) nachlesen. Fragen gewinnbringend in ein Gespräch einzuweben, erfordert ein besonderes Formulierungsgespür. Wesentlich herausfordernder kann es jedoch sein, neugierige, konfliktschürende oder unangebrachte Fragen abzuwehren. Zur Müllvermeidung auf Sprachebene gehört zum einen die Überlegung, ob und wann es sinnvoll ist, überhaupt etwas zu sagen. Es braucht zum anderen auch die Fähigkeit einzuschätzen, welche Fragen überhaupt beantwortet werden sollten. Die meisten Menschen glauben, auf jede Frage antworten zu ***müssen***.

U.a. Sensationsjournalisten machen sich diesen Sachverhalt zu Nutze und erfahren so Dinge, die viele Menschen rückblickend lieber für sich behalten hätten. Sie ärgern sich dann und fragen sich, weshalb sie sich sensible Informationen so bereitwillig entlocken ließen. Auch Betrüger nutzen die Auskunftsfreude mancher Menschen, um auf manipulative Weise Bankdetails und Adressen zu erfahren.

Du glaubst das nicht? Wenn du möchtest, versuche einmal, dir gut und auch weniger gut bekannte Menschen nach vertraulichen Details fragen. Du wirst überrascht sein, wie viel sie preisgeben.

Dieses gefährliche Manko – etwas preiszugeben, was man bei bewusster Reflexion auf alle Fälle für sich behalten würde – hat viel mit unserer Sozialisation zu tun. Wir haben gelernt, dass es unhöflich ist, nein zu sagen oder Fragen unbeantwortet zu lassen. Hier kann eine ich-stärkende Therapie oder ein selbstsicherheitsförderndes Coaching helfen, dass man Köderfragen besser erkennt und sie freundlich und zugleich bestimmt abwehren kann. Aber die ersten Schritte kannst du auch selbst unternehmen:

Reflektiere: Wann hast du, weil du gefragt wurdest, Dinge erzählt und hast es später bereut? Womit wurdest du geködert? Was hat dich dazu verführt? Was hast du in deiner Kindheit zum Umgang mit Fragen gelernt? Wurde dir eingeprägt, dass du immer zu antworten hast? Gibt es Schlüsselsituationen, die diese Auffassung in dir verfestigt haben?

Gib dir hier und jetzt das offizielle Okay, Fragen auch unbeantwortet zu lassen! Stell dir vor, dass die an dich gerichtete Frage auf einem Kärtchen vor dir auf dem Tisch liegt und du lässt es bewusst dort liegen, ohne darauf einzugehen.

Selbsterfahrungsübung: Auf unerwünschte Fragen reagieren

Jemand fragt dich: „Darf ich dich mal was fragen? Was hat dir A über seine Probleme mit B erzählt?“

Wie könntest du darauf reagieren? Hier ein paar Empfehlungen:

„Wozu möchtest du das wissen?“

„Du darfst mich gern alles fragen, aber ich muss nicht auf alles antworten!“[3]

„Frage gerne A. Sie kann dann entscheiden, was sie dir darüber erzählen möchte. Außerdem kennt sie die Details viel besser als ich, da es sie ja direkt betrifft.“

„Hierzu will ich mir erst ein Okay von A holen. Wenn sie meint, dass es sinnvoll ist, dass auch du in dieser Sache Bescheid weißt ist, werde ich sehr gern auf dich zukommen.“

Sollte dir jetzt bewusst werden, dass dieses Herausforderungsfeld in deiner Kommunikation bislang eine zu große Rolle **gespielt** hat (ja, es ist ein Spiel, in dem es darum geht, etwas aus dir herauszulocken), übe vertieft in realen Situationen, um zukünftig effektiver Grenzen zu setzen. Verabrede dich beispielsweise ganz absichtlich mit einer Person, von der du weißt, dass sie dich ausfragen wird und übe dann, die machtspielerischen Köderfragen konstruktiv abzuwehren.

Die achtsamen Reaktionsbeispiele in der Übung sind forciert grenzsetzend und damit potenziell provokativ. Deshalb ist es umso wichtiger, dass du mit deiner Reaktion den richtigen Ton triffst. Und darum geht es in Prinzip 2.

∞

3 In dieser achtsamen Reaktion auf eine unangemessene Frage kommen die in der achtsamen Sprache unüblichen Wörter „muss“ und „aber“ vor. Hier werden sie jedoch bewusst eingesetzt, um dem Gegenüber selbstsicher zu signalisieren, dass die Frage unangemessen ist und es im Ermessen des Befragten liegt, zu entscheiden, ob eine Antwort sinnvoll ist.

Prinzip 2 – Der Ton macht die Musik

Verhältnismäßigkeit von Ton und Inhalt

Vielleicht hast du irgendwo im öffentlichen Raum, z. B. in einer Empfangshalle, Büroetage oder Arztpraxis, mal ein Schild gesehen, auf dem zu lesen war: *Freundlichkeit ist eine Sprache, die Taube hören und Blinde sehen können.* Es soll die im direkten Kunden- oder Patientenkontakt tätigen Menschen vor unangemessenem und konfrontativem Verhalten schützen. Je länger die Wartezeiten, desto größer die Frustration der Wartenden und desto höher ist die Wahrscheinlichkeit, dass diese (manchmal durchaus nachvollziehbar) einen lauteren Ton anschlagen, um auf ihre Bedürfnisse oder ihren Unmut aufmerksam zu machen.

Hilfreich ist hier eine freundlich-wohlwollende Grundhaltung auf beiden Seiten, die zu einer positiven Harmonisierung führt und dazu, dass Kommunikationspartner miteinander ins Schwingen kommen können. Und genau darum geht es in Prinzip 2: jede Kommunikation mit Freundlichkeit beginnen und den eigenen Ton passgenau auf die jeweilige Situation abstimmen. Tatsächlich haben die Tonlage und die Tonmelodie großen Einfluss auf die Stimmung in einer Kommunikationssituation.

Jeder Musiker stimmt sein Instrument, bevor er zu spielen beginnt. Und deshalb stimme auch du dich ein, damit du nicht nur die passenden Töne triffst, sondern dass sie auch gut klingen – sodass es in sich stimmig ist und individuell stimmig mit dir. Bedenke das, wenn du dich vokal auf deine Kommunikationspartner und die vor dir liegende Situation einstimmst.

Für eine SEK-Einheit ist es bei einem gefährlichen Einsatz überlebenswichtig, dass der Leiter Instruktionen schnell kommuniziert und dass sie sofort verstanden werden. Eine direktive, knapp gehaltene Sprache ist in dieser Situation unumgänglich. Wenn ansonsten eher eine achtsam-wertschätzende Kommunikation in der Einheit Usus ist, wird der Switch zu kurzen, direktiven Befehlen auch ein Signal dafür sein, wie brisant die aktuelle Situation ist und das Team wird den Instruktionen folgen.

Als Orientierungshilfe für Alltagssituationen kannst du dir merken: Je konfrontativer der Inhalt einer Botschaft ist, desto freundlicher sollte der Ton sein, in dem sie stimmlich übermittelt wird. Was kann Intonation bewirken? Werden positive Worte mit einem ironischen Unterton ausgesprochen, färbt er die Botschaft negativ ein. Die Botschaft der Stimme hat oft eine größere Reichweite als der positive Inhalt, der verloren geht. Die gute Nachricht: Dieses Prinzip lässt sich umkehren. Kritische Inhalte kannst du stimmlich auf eine Weise positiv transportieren, dass die Nachricht für den Empfänger annehmbarer wird. Sehr gut geschulte Call-Center-Mitarbeiter sind beispielsweise in der Lage, wütend erregte Kunden schon mit einer sanften Stimme etwas zu beruhigen. Zwar wird allein das nicht genügen, etwa wenn jemand ewig in der Warteschleife gehangen hat und Ärger mit einem nichtfunktionierenden Produkt hat. Hier kommen auch Elemente anderer Prinzipien zum Tragen, z. B. aktives Zuhören. Aber: Der Ton der Stimme bestimmt maßgeblich die Stimmung.

Selbsterfahrungsübung

In dieser Übung geht es darum, mittels der Stimme kritische Botschaften für den Empfänger annehmbarer zu machen. Und das kannst du jetzt an einem konkreten Beispiel ausprobieren. Überlege dir eine schwierige Nachricht, die du jemandem übermitteln wirst. Vielleicht schiebst du das schon eine Weile vor dir her. Und jetzt möchtest es endlich tun, und zwar so, dass die Situation nicht negativ eskaliert, sondern sich positiv entwickelt oder dass zumindest eine neutrale Basis erhalten bleibt.

Was für eine Botschaft könnte das sein? Als Vermieter musst du mit einem deiner Mieter über das zugemüllte Treppenhaus sprechen oder als Mieter mit deinem Vermieter über die verzogene Eingangstür? Oder du willst deinem Freund sagen, dass du am nächsten Wochenende nicht mit ihm wegfahren kannst? Vielleicht hast du als Arbeitgeber eine schlechte Nachricht für deine Mitarbeiter oder du musst als Mutter ein ernstes Wort mit deinem Sprössling reden?

Wähle etwas aus und schreibe es auf. Dann spreche die Botschaft mit verschiedenen Tonmelodien in dein Telefon oder ein anderes Aufnahmegerät.

Widme dich dann einer anderen Sache und höre dir die Aufnahmen erst einige Stunden oder Tage später an. Stell dir dabei vor, dass du Empfänger dieser Nachricht bist. Welche Variante wirkt auf dich am stärksten offensiv und welche am ehesten annehmbar?

Später, wenn du alle sieben Prinzipien und auch alle sieben Strategien kennst, kannst du die am ehesten annehmbare Intonation nutzen, um tatsächlich eine schwierige Botschaft zu übermitteln.

∞

Menschen, die gelernt haben, ihre Stimme passgenau einzusetzen, sind im Vorteil, denn sie verfügen damit über ein essenzielles Kommunikationstool. In schriftlicher Kommunikation kommt es auch deshalb häufig zu Missverständnissen, weil Ton und Melodie fehlen, die in einem Gespräch dazu beitragen können, einen aufkommenden Konflikt positiv zu regulieren. Wenn du deine Stimme noch kompetenter einsetzen möchtest, kannst du dir überlegen, einen Sprachcoach zu konsultieren. Du kannst die oben in der Erfahrungsübung beschriebene Selbstlernmethode nutzen … oder ein Coaching mit Tieren buchen.

Insbesondere Pferde benötigen eine direkte, klare und selbstsichere Ansprache, die zugleich wohlwollend und freundlich zugewandt ist. In achtsamkeitsbasierten Managementtrainings habe ich Coachees vermittelt, wann es an der Zeit ist, einen sonoren und lang gezogenen Ton anzuschlagen, z. B. um Pferde in akuten Momenten von Fluchtangst zu beruhigen. In anderen Situationen, wenn man sie motivieren will, sich in Bewegung zu setzen und zu beschleunigen, sind kurze, höhere Tonlagen im Staccato effektiver. Diese direkten Erfahrungen, mit der eigenen Stimme zu spielen, um das Wirkungsrepertoire zu erweitern, hat meinen Coachees später geholfen, auch gegenüber ihrem Team verschiedene Töne anzuschlagen – abhängig davon, ob sie dazu motivieren möchten, eigene Hemmnisse zu überwinden oder ein Team beschleunigend in den Aktivmodus zu versetzen.

Merke!

Nutze die Vielfalt deiner stimmlichen Möglichkeiten, um deine Botschaft über Klang, Intonation und Stimmmelodie zu transportieren.

Wenn du als authentisch und ehrlich wahrgenommen werden möchtest, sollte der Dreiklang von Botschaft, Stimme und Körpersprache kongruent sein. Das führt uns zu Prinzip 3, das sich um eine positive Körpersprache dreht.

∞

Prinzip 3 – Positive Körpersprache

Auch das Themenfeld positive Körpersprache ist derart groß und umfassend, dass hier nur ein paar wesentliche Aspekte beleuchtet werden können.

Spiegeln

Um ein positives Wir-Gefühl zu erzeugen, um deinen Gesprächspartner für dich oder dein Anliegen zu gewinnen, sorge dafür, dass ihr euch möglichst auf Augenhöhe begegnet. Wenn ihr einander gegenübersitzt, sollten die Stühle baugleich sein bzw. dieselbe Höhe haben. Du solltest genügend Bewegungsfreiheit haben, um die Körpersprache des anderen spiegeln zu können. Auf diese Weise entsteht das Gefühl, auf einer Wellenlänge zu sein. Dafür einige Beispiele:

Im Speed-Dating kann man beobachten, dass Paare, die einander später positiv bewerten und einander wiedersehen wollen, bereits im Speed-Dating-Dialog Körperhaltung und Körpersprache kongruent spiegelten.

Um Zugang zu einem traumatisierten Erwachsenen oder zu einem autistischen Kind zu bekommen, ist ebenfalls eine spiegelnde Körpersprache ein hilfreicher Türöffner. Was in besonderen Ausnahmesituationen mit besonders belasteten und in ihrer Kommunikation eingeschränkten Menschen funktioniert, ist im Prinzip auf jede Kommunikationssituation anwendbar. Selbstverständlich ist eine einfühlsame Vorgehensweise und eine wohlwollende Grundhaltung erforderlich, damit der Gespiegelte die Intention richtig versteht und positiv wertet.

∞

Offene Haltung

Stellen wir uns vor, wir spielen Mäuschen in einem x-beliebigen Konferenzraum oder Verhandlungssaal: Was würden wir höchstwahrscheinlich beobachten? Dass die Mehrheit der Teilnehmer eine sogenannte geschlossene Körperhaltung zeigt und damit abweisende Signale setzt. Diese Art der Körperhaltung ist oft das Resultat von Gewohnheit und Langeweile, ein In-sich-Hineinkauern, eine gebeugte Haltung mit verschränkten Armen, übergeschlagene Beine oder auch ein gesenkter, in Papieren oder im Handy verlorener Blick.

Sorge dafür, dass deine Haltung offen ist und du Zugänglichkeit signalisierst. Eine aufrechte Haltung, wie sie auch während der Meditation kultiviert wird, gibt dem Gegenüber Zuversicht, in eine positive Kommunikation mit dir eintreten zu können. Darüber hinaus veränderst du damit auch etwas *in* dir!

In einer achtsamkeitsbasierten Gruppenselbsterfahrung bat ich die Teilnehmer, verschiedene Körperhaltungen einzunehmen und so im Raum herumzulaufen. Die Auswertung ergab: Diejenigen, die in einer Wut- oder Trauerhaltung herumgelaufen waren, wurden von den anderen so wahrgenommen, dass man sie aktuell besser meiden sollte. Außerdem hatten sich die Betreffenden selbst zunehmend wütend oder depressiv gefühlt und sich an Situationen erinnert, in denen sie wütend oder traurig waren. Diejenigen hingegen, die sich in einer offenen Körperhaltung mit offenem Blick und aufrechter Haltung bewegt hatten, wurden häufiger von den anderen angesprochen, fühlten sich beschwingter und erinnerten sich an positive Lebensereignisse.

Aber sogar paradoxe Körperhaltungen können große Veränderungen bewirken. In der Selbsterfahrung z. B. konnten Menschen, die sich ängstlich oder sogar panisch fühlten und sich intuitiv am liebsten bewegungslos und zusammengekrampft in eine Ecke gekauert hätten, das Angstgefühl und die physiologischen Begleiterscheinungen von Angst und Panik bewältigen, indem sie sich in aufrechter, offener Körperhaltung durch den Übungsraum bewegten. Die Wirkung trat auch dann ein, wenn sie mantraartig aussprachen „Ich habe Angst. Ich fühle Panik." Die ausgesprochenen Worte passten nicht (mehr) zur Körperhaltung. Letztere war ja nicht mehr angsttypisch und signalisierte der Psyche: Das Angstgefühl ist ein Fehlalarm, denn der Körper bewegt sich normal und offen. Er ist weder im Fight- (Kampf) oder Flight- (Flucht), noch im Freeze- (Erstarren) Zustand.

Wenn dich das Thema Körpersprache / Körperhaltung interessiert, empfehle ich dir *Körpersprache entschlüsseln & verstehen* von Dirk Eilert (2023). Er beschreibt und analysiert beispielsweise mehr als 100 mimische, gestische und haltungsrelevante Signale, basierend auf aktuellen wissenschaftlichen Studien, und deckt verbreitete Mythen rund um das Thema Körpersprache auf.

∞

Augenkontakt

Mit deinen Augen kannst du besonders effektiv eine Einladung zur Kommunikation aussprechen. Fehlt der Augenkontakt, fehlt auch einer Kommunikation im „echten Leben" ein wesentliches Element[4]. Aufgrund der zunehmenden Kommunikation über digitale Medien verlieren Menschen allmählich die Fähigkeit, einander in die Augen zu sehen. Manche jungen Menschen verlieren sie nicht, sondern haben sie nie erlernt. Sie schreiben ihren Freunden über Social-Media-Kanäle und wenn sie denselben Menschen im echten Leben auf der Straße begegnen, sind sie nicht in der Lage, sie interaktiv und mit Augenkontakt zu begrüßen (Sohr & Wilms 2023).

Ich selbst konnte beobachten, dass es für viele Menschen eine immense Herausforderung ist, einen Augenkontakt herzustellen und aufrechtzuerhalten. Viele meiner Klienten hatten in der Therapie u. a. das Anliegen, diese Fähigkeit sicher zu erlernen. Einige von ihnen hatten viel Kontakt mit anderen Menschen, z. B. Professoren oder Ärzte, und einige standen oft vor der Kamera.

---

4 Wie verhält es sich mit blinden Menschen, denen Augenkontakt kaum möglich ist? Häufig sind sie besondere Kommunikationsgenies. Gerade weil ihnen der Kommunikationsweg über die Augen nicht möglich ist, hören sie in der Regel weitaus achtsamer zu als Sehende und haben ihre stimmlichen Fähigkeiten perfektioniert, um die fehlende Augenkommunikation zu kompensieren.

Auch im Dating-Kontext spielen die Augen in Kombination mit einer einladenden Körpersprache eine sehr wichtige Rolle. Ich war vor einigen Jahren in London für eine international agierende Matchmaking-Firma tätig. Männern, die eine Partnerin suchten, zeigte ich Frauenfotos, die ihrem Wunschprofil entsprachen. Als sie auswählen sollten, wen sie treffen wollten und mit wem sie sich ein gemeinsames Leben vorstellen konnten, entschieden sie sich – ganz gleich, aus welchem Land sie stammten – für Frauen, die warmherzig und einladend auf sie wirkten. Auf meine Nachfrage sagten sie zu den anderen Fotos: Die Frauen seien attraktiver, ein Date hätten sie jedoch lieber mit jemandem, der aufgrund seines Blicks (Augenkontakt) und seiner Haltung auf dem Foto nahbar und warmherzig wirke.

Wenn du körperlich attraktiv bist und dich wunderst, weshalb du selten angesprochen wirst, checke deinen extern wahrgenommenen Nahbarkeitsfaktor!

Wenn für dich Augenkontakt bislang eine Herausforderung war, hier eine kleine Übungsempfehlung: Anstatt der anderen Person direkt in die Augen zu sehen, erlaube dir eine Zwischenstufe. Schau auf den Bereich, der sich leicht erhöht zwischen den Augen befindet, etwa dort, wo Inderinnen ihren schwarzen (= unverheiratet) oder roten (= verheiratet) Punkt tragen. Auf die Person, die du anschaust, wirkt es so, als hättet ihr Augenkontakt. Für dich wird es leichter sein, von dem Punkt ab und an direkt in die Augen und zurück zu dem Punkt zu schauen, bis du allmählich mehr und mehr Sicherheit darin gewinnst, auch ohne Hilfsbrücke mit deinen Augen zu kommunizieren.

∞

Begrüßung

Eine Kommunikation beginnt mit der Begrüßung. Geh deshalb von Anfang an aktiv auf den anderen zu, zeige eine offene Körperhaltung und nimm Augenkontakt auf, um die Weichen auf positiv zu stellen. Ein sicherer Händedruck, den du mit der zweiten Hand unterstützen kannst, zeigt Verbundenheit.

Wenn du eine Nachrichtensendung schaust, beobachte einmal genau, was passiert, wenn Politiker auf internationalem Parkett zusammentreffen. Schon an der Art der Begrüßung und der zugewandten, spiegelnden oder abgewandt-verschlossenen Haltung beim Hinsetzen kann man oft erkennen, ob hier zwei konstruktiv miteinander verhandeln werden oder sich eher eine abweisende Haltung der Sache und der anderen Person gegenüber zeigt und beide nur pro forma einem Protokoll folgen. Der achtsame Profi erkennt bereits bei der Begrüßung: Wer ist Feind, Freund, Gegner oder Verbündeter? Er erkennt es auch dann, wenn es rein äußerlich immer derselbe Ablauf ist.

∞

Prinzip 4 – „Owning" durch bekennende Ich-Botschaften

„Owning" ist ein wesentliches Prinzip achtsamer Sprache – aber was bedeutet der Begriff? Er leitet sich von dem englischen Wort für gehören *(to own)* ab. In der Psychologie verstehen wir darunter, dass jemand persönlich für eine Aussage einsteht. Es geht also darum, sich selbst konkrete Aussagen zuzuordnen. Gerade bei etwas prekären Statements neigen Menschen zu Allgemeinformulierungen anstatt zu bekennenden Ich-Botschaften. Zum einen werden sie nicht selbst mit der Aussage in direkten Bezug gebracht und zum anderen mutet die Aussage so an, als habe sie Allgemeingültigkeit, wodurch sie fälschlicherweise einen faktischen Anstrich bekommt.

Authentizität der Botschaft

Menschen, die achtsam kommunizieren, stehen authentisch für das ein, was sie kommunizieren. Sie senden Ich-Botschaften in der Form von *„Ich glaube daran, dass …"*, *„Meiner Überzeugung nach …"*, *„Von dir wünsche ich mir, …"*. Diese Formulierungen unterstreichen, dass jemand für ein Statement einsteht. Die Aussage wird dadurch glaubhaft, der Sender glaubwürdig und selbstsicher.

∞

Möglichkeiten, sich zu distanzieren

Gerade bei uns im deutschsprachigen Raum sagt *man* gerne „man". Wenn du das bei dir selbst beobachtest: Warum nutzt du diese unpersönliche Variante? Was hält dich davon ab, „ich" zu sagen? Die Ich-Variante würde *Owning* signalisieren. Wahrscheinlich wirst du feststellen, dass du entweder aus reiner Gewohnheit in die Distanzierungsform abgeglitten bist oder dass du dir nicht sicher warst, wie der Empfänger auf dein Statement reagieren könnte. Wenn *man* (also die Allgemeinheit) vermeintlich hinter etwas steht, ist es schwieriger, diese Aussage anzugreifen und du hast deine eigene Meinung absichtlich oder unbewusst darin versteckt.

Beobachte auch, inwieweit andere inflationär *man* sagen. Du könntest dann nachfragen: „*Wer ist man?*" Meist realisiert der Sprecher erst dann, dass er die Distanzierungsform benutzt und verbessert sich: „*Ach, ich habe ich gemeint.*" Ich selbst habe an einem einzigen zehnstündigen Therapietag bei meinen Klienten 277 *Man-Aussagen* registriert, und das in Situationen, in denen eine *Ich-Aussage* angemessen gewesen wäre.

Zunehmende Therapie- oder Coachingerfahrung verringern meiner Erfahrung nach übrigens die „Man-Quote". Coachees werden zum einen achtsamer durch die Übung, weil sie wiederholt auf ihren Sprachgebrauch aufmerksam gemacht werden. Zum anderen stehen sie selbstsicherer für ihre Meinungen und Gefühle ein, was sich zuerst und sehr deutlich im Gebrauch des *Ich* zeigt.

∞

Prinzip 5 – Sag es durch die Blume. Metaphern als zentrales Element

Die Philosophie der Achtsamkeit wurde ursprünglich von weisen asiatischen Mönchen in den altindischen Sprachen Pali und Sanskrit verschriftlicht oder verbal überliefert. Um die Weisheiten über eine intellektuelle Elite hinaus auch jedem einfachen Feldarbeiter zugänglich zu machen, wurden Metaphern und blumige Sprache aus den Arbeits- und Lebenserfahrungen einfacher Bürger genutzt, um Erkenntnisse verständlich zu transportieren (Sohr & Wilms 2023). Der Begriff *dukkha* für sich ansammelnden Matsch und Leid in unserem Lebensrad ist hierfür ein Paradebeispiel.

Dieses Prinzip der Verbildlichung kannst auch du künftig im Gebrauch der achtsamen Sprache nutzen. Und auch hier ein Tipp zum Weiterlesen: Birgitta Schuler (2023) hat beispielsweise ein ganzes Buch dem Coaching mit Metaphern gewidmet, um mit Bildern zu bewegen. Die intensive Nutzung von Metaphern verstärkt zudem deine Empathiefähigkeit und das Gefühl des Empfängers, dass du ihm gegenüber verständnisvoll bist, denn es gilt Metaphern zu finden, die möglichst zum Erfahrungshorizont des Empfängers passen. Wenn ich z. B. einen Zahnarzt in achtsamer Sprache coache, nutze ich Szenarien aus seiner Praxis und passe mich sprachlich seinem Lebenskontext an. Die genutzten Metaphern unterscheiden sich von denen, die ich für einen Richter, einen Politiker, einen Hochleistungssportler oder ein Schulkind verwende.

Metaphern helfen zu verbildlichen und zu verstehen. In der Begleitung Traumatisierter war es mir wichtig, dass Menschen verstehen, welche Symptome wahrscheinlich in den nächsten Tagen und Wochen erlebbar sein würden. Sie waren so darauf vorbereitet und konnten sie neutral als normale Reaktion einer gesunden Psyche interpretieren, anstatt sie als Zeichen dafür anzusehen, *verrückt* zu werden. Letzteres würde die eigene Heilung hindern statt sie zu fördern. Rein definitorisch kommt ein traumatisches Ereignis plötzlich und ist überwältigend. Deshalb sollten die Klienten auf mögliche Folgesymptome sehr gut vorbereitet sein. Als Erklärungsmetapher für die traumatische Wunde nutze ich häufig die Analogie einer körperlichen Wunde, da die meisten Menschen bereits irgendwann einmal im Leben körperlich verletzt waren:

Es ist gut möglich, dass Sie in den folgenden Tagen oder Wochen, manchmal sogar in den nächsten Monaten bestimmte Symptome erleben, die Sie nicht einordnen können. Das sind natürliche Selbsthilfemechanismen des Körpers wie bei einer körperlichen Verletzung. Vielleicht haben Sie sich schon mal versehentlich geschnitten und zunächst nichts gespürt oder gesehen. Erst einige Momente später fließt Blut und die Wunde brennt. Ähnlich verhält es sich mit psychischen Verletzungen. Vielleicht hat ihre Psyche Sie noch in Watte gepackt, um Sie zu schützen. Es kann sein, dass Symptome wie Schreckhaftigkeit, Schlaflosigkeit … später „fließen", wenn die Psyche aufgetaut ist, so wie das Blut einer Wunde. Mit fachlicher Versorgung und Selbstachtsamkeit wird die Wunde allmählich Schorf bilden und verheilen. Es bleibt eine Narbe, die nicht mehr schmerzt und an das Geschehene erinnert. Gleichermaßen werden Sie nach der Bewältigung des traumatischen Erlebnisses daran zurückdenken können, und wenn Sie sich dazu entscheiden, wird es etwas Abgeschlossenes sein. Das, was Sie heute so herausfordert, wird dann Vergangenheit und beendet sein.

Oft bieten sich Metaphern aus der Tierwelt an. Um zu erklären, weshalb jemand in einer Bedrohungssituation weggelaufen ist oder die Notrufnummer nicht wählen konnte, weil er psychisch-physisch erstarrt war, bietet sich die Metapher eines in der Wildnis angegriffenen Tieres an. Es ist biologisch auf drei Reaktionsmöglichkeiten geprägt: Weglaufen (Flight), Kämpfen (Fight) oder Sich-Totstellreflex (Freeze). Da wir Menschen auch Tiere sind, sind diese Reaktionsschemata evolutionspsychologisch in uns verankert und bei Freeze-Zuständen sind selbst die kleinen Fingerbewegungen zum Eintippen einer Telefonnummer unmöglich.

Um die passende Metapher zu finden, ist es hilfreich, kreativ und erfinderisch zu sein. Viele Metaphern nutze ich nur ein einziges Mal, weil sie in einer ganz konkreten Situation mit einem ganz bestimmten Menschen passend sind. Einmal coachte ich eine erfolgreichen Dressurreiterin. Sie berichtetet, wie verzweifelt sie sei, aufgrund einer Verletzung nicht an einem wichtigen Turnier teilnehmen zu können, auf das sie sich optimal vorbereitet habe. Ich erwiderte empathisch:

„Sie fühlen sich mental wie ein Pferd, das so bereit ist, dass es mit den Hufen scharrt. Und durch den körperlichen Schmerz empfinden sie es zugleich so, als würde die scharfe Kandare Sie am Vorwärtsgehen hindern."

Sowohl Metaphern als auch Redewendungen sollten kongruent mit dem Lebens- oder Berufskontext des Empfängers sein. Was hier als geeignetes Bild in Frage kommt, lässt sich durch achtsames Zuhören sehr gut erkennen. Es sind mitunter die Metaphern, die der Empfänger selbst wiederholt nutzt.

In einem Coaching mit einer Richterin habe ich folgende Metapher genutzt:

„Dieses Thema fühlt sich aktuell für Sie so schwer und umfangreich an wie ein Gürteltier.[5] *So, wie Ihre Akten zur weiteren Bearbeitung wieder zu Ihnen zurückgebracht werden, scheint dieses noch unerledigte Thema wie ein Bumerang zu Ihnen zurückzukommen.“*

Bei meinen Hospitationen in verschiedenen Einsatz- und Verwaltungsbereichen der Polizei begegnete mir immer wieder die Formulierung *„'ne Nase dran kriegen“*, eine Bezeichnung dafür, einer Sache auf den Grund zu gehen oder etwas vertiefter zu verstehen. Dankbar nutze ich diese Metapher seitdem im Coaching mit Menschen, die für die Polizei tätig sind.

Eine zweite polizeispezifische Formulierung, die tagtäglich als Zieldefinition benutzt wird, ist „vor die Lage kommen“. Das bedeutet, in einer akuten Bedrohungslage proaktiv Interventionen planen zu können, anstatt chaotisch reagieren zu müssen. Bestehen in einer Dienststelle gefühlt unkontrollierbare Konflikte, kann das Coachingziel so formuliert werden: *„Lassen Sie uns Struktur in die diversen Teambefindlichkeiten bringen, um vor die Lage in Ihrem Team zu kommen und davon abgeleitet zu planen, wie Sie die bestehenden Konflikte bestmöglich lösen können.“*

Mit Ärzten hingegen lassen sich medizinische Metaphern wunderbar nutzen, um eine Empfindung klar auf den Punkt zu bringen: *„Es fühlt sich so an, als habe dieser ursprünglich einzellige, klar abgegrenzte Konflikt inzwischen so gestreut, dass er erst zu einem Geschwür, dann zu einem Tumor gewachsen ist, der sich jetzt stark bemerkbar macht und schmerzt. Wie wollen wir ihn nun gemeinsam bewältigen? Schnell und in großen Schritten, vergleichbar mit einer OP? Oder möchten Sie ihn zunächst lieber in kleiner dosierten Schritten, vergleichbar mit einer Bestrahlung, verringern?“*

Für einen Koch, der ein notwendiges Gespräch zu meiden versucht, könnten Analogien zu seinem Berufsalltag nützlich sein: *„Was passiert, wenn Sie Nudeln kochen und diese zu früh herausnehmen? Und was passiert, wenn Sie sie überlange kochen lassen? Letzteres trifft auf den optimalen Zeitpunkt für das geplante Gespräch zu. Jetzt ist der optimale Gärungspunkt erreicht. Führen Sie das Gespräch, solange der Zeitpunkt al dente ist!“*

5 So bezeichnen Richter einen Aktenband, der so umfangreich ist, dass er mit einem Gürtel zusammengehalten werden muss.

Wenn du Experte für metaphorische Sprache sein und hierdurch achtsamer kommunizieren möchtest, versetzte dich in die Erlebenswelt des Empfängers und generiere aussagekräftige Bilder. Beginne gern damit, zunächst bei deinen eigenen Ich-Botschaften Metaphern zu finden für die Dinge, die du dir wünschst oder die du fühlst. Spezialisierte Fachliteratur, wie *Bilder bewegen, Coaching mit Metaphern* (Schuler 2023) bietet hierfür eine sinnvolle Ergänzung und Vertiefung.

∞

Prinzip 6 – Spaltung mithilfe von Wir-Formulierungen überwinden

In Prinzip 4 haben wir uns bereits mit Ich-Botschaften im Sinne des Ownings beschäftigt. In bestimmten Situationen kann es jedoch sinnvoller sein, anstelle eines spaltenden *Ich* und *Du* zu einem einenden *Wir* zu wechseln. Und ausgerechnet in den Situationen, in denen uns das *Wir* am schwersten fällt, wirkt es am heilsamsten, weil es das Gemeinsame, das Einende betont. In Lebenssituationen, in denen dir ein *Wir* emotional ganz weit entfernt zu sein scheint, kannst du es als paradoxe Intervention nutzen.

Hier ein Beispiel für eine Streitsituation mit verhärteten Fronten:

„Du wünschst dir… und ich bin überzeugt davon, dass ...Wie wollen wir konstruktiv mit diesen verschiedenen Perspektiven umgehen, um gemeinsam eine gute Lösung zu finden?“

Das Beispiel zeigt, wie du empathisch die Perspektive des Empfängers berücksichtigen kannst, deine eigene Sichtweise als Ich-Formulierung im Owning-Stil klarstellst und zugleich die divergierenden (auseinanderlaufenden) Standpunkte zusammenführst, indem du das WIR, das Gemeinsame und das Lösungsorientierte betonst. Hierdurch normalisierst du die verschiedenen Perspektiven und sagst implizit, dass es okay ist, anderer Meinung zu sein. Beide Standpunkte können und dürfen koexistieren. Es geht einzig und allein darum, einen lösungsorientieren Umgang damit zu finden. Das Wir am Ende „synthetisiert“ die verschiedenen Positionen und betont den gemeinsamen Wunsch einer Lösungsfindung.

Merke!

Das WIR hilft dir dabei, konfrontative Ich- versus Du-Spaltungen zu überwinden und dem Konflikt den Wind aus den Segeln zu nehmen.

Insgesamt wirkt ein übermäßiger Fokus auf das eigene Ich egozentrisch auf andere. Differenziere also, ob du das Ich benutzt, um zu signalisieren, dass du hinter einer Überzeugung stehst oder ob es ein Ich ist, das dich demonstrativ in den Vordergrund stellt.

Prinzip 7 – Im Hier und Jetzt positiv der Zukunft zugewandt

Aufgewärmter Spinat

Wie du vielleicht bereits in Achtsamkeitskursen oder aus anderen Büchern wie *Lebe anders!* erfahren hast, findet Achtsamkeit weder in der Vergangenheit noch in der Zukunft, sondern immer im Hier und Jetzt statt. Gleiches gilt für achtsame Kommunikation. Es kann manchmal notwendig sein, kurz über die Vergangenheit zu reflektieren oder positiv in die Zukunft zu projizieren, doch es ist wichtig, stets schnell in die Gegenwart zurückzukehren.

In den meisten eskalierenden Konfliktgesprächen gibt es einen aktuellen Auslöser für eine Differenz, doch ganz oft holen die Konfliktparteien dann alte Konfliktthemen von gestern, vorgestern und vorvorgestern aus den Schubladen und legen sie mit auf den Diskussionstisch. Weil die Stimmung so negativ ist, öffnet auch das Gedächtnis nur die Türen zu negativen Erinnerungen, und so wird der Tisch immer voller und voller und bricht bald unter der ganzen Negativität und den Vorwürfen zusammen. Gleiches gilt dann leider häufig für die Beziehungen. Ich nenne dies **„das Aufwärmen von altem Spinat“**, was ja gesundheitsschädlich sein soll.

Wären die Gesprächspartner beim ursprünglichen Dissens im Hier und Jetzt geblieben und hätten sie eine Lösung dafür gefunden, hätte ihre Beziehung wohl kaum Schaden genommen. Es war das Aufwärmen zusätzlicher Streitthemen, das zum Kollaps und zur Gefährdung der Beziehung geführt hat.

Merke!

Besonders in konflikthaften Situationen ist es rettend, bei der aktuellen Sache zu bleiben. Wärme keinen „alten Spinat" auf. Über diese Tendenz, alten Spinat aufzuwärmen, kannst du z. B. mit deinem Lebens- oder Geschäftspartner oder mit wem auch immer dann sprechen, wenn ihr im Frieden miteinander seid. Zeichnet gemeinsam einen Kochtopf mit Spinat oder sucht im Internet ein entsprechendes Foto, das ihr ausdruckt. Vereinbart, dass einer von euch das folierte Kärtchen mit dem aufgewärmten Spinat auf den Tisch legt, wenn künftig eine Situation erneut zu eskalieren droht. So werdet ihr daran erinnert, beim aktuellen Thema zu bleiben oder zu ihm zurückzukommen und die aufgerissenen Erinnerungsschubladen der Vergangenheit wieder zu schließen.

∞

Die Tibetanische Gebetsmühle

Wenn dir jemand etwas vorwirft, das in der Vergangenheit passiert ist, dann lass dich nicht damit ködern, einen Ausgleich herzustellen, indem du etwas sagst wie:

„Und du, du hast damals …"

„Damals" ist ein Indikator dafür, dass nun auch du in der Vergangenheit nach Belastungsmaterial suchst, das letztlich nur eure Bindung zerstören wird. Stattdessen wiederhole gebetsmühlenartig:

„Das sind Ereignisse aus der Vergangenheit. Wenn es sinnvoll ist, können wir sie später eins nach dem anderen gemeinsam aus dem Archiv holen und ansehen. JETZT geht es um ... Lass uns gemeinsam zurückkehren zu unserem aktuellen Thema und hierfür eine gemeinsame Lösung finden!"

Um den anderen zu einer Rückkehr ins Hier und Jetzt zu bewegen, kannst du ihn auch fragen:

„Womit hat unsere Diskussion heute angefangen?"

Innerhalb eines einzigen Streitgesprächs kann es zigmal nötig sein, ins Aktuelle zurückzukehren. Das ist normal. Kennst du tibetanische Gebetsmühlen? Mönche drehen sie einfach wieder und wieder, ohne sich Gedanken darüber zu machen, wie häufig sie bereits gedreht wurden. Mit diesem Bild vor Augen: Thematisiere wieder und wieder die Rückkehr ins Hier und Jetzt!

∞

Negativprognosen

Typisch für konflikthafte Situationen sind negative Zukunftsprognosen. Resignativ wird festgestellt:

„Wir schaffen das nicht. Wir werden ohnehin nur streiten. Die Beziehung hat keinen Sinn mehr."

Auch hier ist es hilfreich, ins Jetzt zurückzukehren und den anderen daran zu erinnern, dass die Zukunft noch nicht stattgefunden hat. Vielmehr könnt ihr gemeinsam im Hier und Jetzt die Weichen so stellen, dass die Zukunft glücklich und hoffnungsvoll wird.

∞

4.2 Die Strategien achtsamer Sprache

Prinzipien sind gut und schön! Damit sich etwas zum Besseren ändert, muss man jedoch ins Handeln kommen. Die nachfolgenden Strategien verdeutlichen, wie du durch eine achtsame Wortwahl kritische Botschaften sanfter verpacken und positive Botschaften verstärken kannst.

Strategie 1 – Neutralisierendes und positivierendes Vokabular nutzen

Ungewollt negativieren wir häufig positiv gemeint Botschaften, indem wir negative Signalwörter nutzen und sie mit einer Negation kombinieren. Typische Beispiele für solche Kombinationen sind: „Du musst *keine* Angst haben, bei der OP stirbst du nicht." Oder „Gar *nicht* schlecht gemacht".

Damit wollen wir an sich etwas Positives zum Ausdruck bringen und bedienen uns der Umwegschleife Negation. Unser Gehirn geht diesen Umweg aber nicht mit. Es prozessiert Aussagen in der Regel automatisiert, ohne sie zu reflektieren oder aktiv zu dechiffrieren. Was kommt an? Es sind Signalwörter wie *Angst, sterben* und *schlecht,* die automatisiert und in Sekundenschnelle neurologischen Alarm in der Amygdala auslösen (Pittman & Karle 2020). Die positive Absicht bleibt auf der Strecke und wird sogar in eine neurologische Negativantwort verkehrt.

Die Strategie, um diesen fatalen Mechanismus umzukehren heißt:

Sag Positives positiv!

Erspare deinem Gehirn und dem des Empfängers deiner Botschaften umständliche Denkschleifen und benutze, simpel ausgedrückt, positives Vokabular. Sei bei Lob möglichst konkret und spezifisch. So wird aus *„Das mit deinem Zimmer hast du gar nicht schlecht gemacht!"* in der konkretisierenden Positivübersetzung *„Vor drei Stunden hast du angefangen, dein Zimmer aufzuräumen. Und jetzt ist alles so ordentlich, gemütlich und richtig schön. Das macht mich stolz."* Selbstverständlich sind kürzere Versionen ebenso möglich, etwa: *„Du hast sehr schön aufgeräumt!"* Beide Varianten bedienen sich ausschließlich positiven Vokabulars und triggern folglich positive Emotionen.

In der Langversion ist das Lob zusätzlich verbunden mit einem persönlichen und verstärkenden Owning-Statement „... *macht* ***mich*** stolz".

Neuropsychologisch betrachtet ist ein einfaches „*Gut gemacht!*“ besser als die negative Ursprungsvariante. Sinnvoll ist jedoch, zumindest kurz zu benennen, was genau gelobt wird, damit der Empfänger aus verhaltenstherapeutischer Sicht versteht, was er gut gemacht hat und dieses gelobte Verhalten künftig wiederholen wird. Ohne Konkretisierung kommt nur an, dass irgendetwas gut war und die Wiederholungswahrscheinlichkeit des positiven Verhaltens sinkt.

Aus „*Du musst keine Angst haben*“ wird in der Positivübersetzung beispielsweise „*Du kannst ganz zuversichtlich sein.*“ Müssen wird durch *können* ersetzt und *Angst* durch *Zuversicht.* Aus dem angstreduzierenden Motivationsslogan „*Du hast ja nichts zu verlieren*“ wird der positivpsychologische Mutmacher „*Lass dich darauf ein! Du hast die Chance, zu gewinnen.*“

So lange du proflektierst, welche Emotionen deine Worte auslösen werden, wird es dir gelingen, positive Alternativen zu finden. Statt der wertenden Aussage „*Ach, jetzt heul doch nicht!*“ wird bei einem achtsam formulierenden Menschen: „*Du weinst. Ich sehe deine Tränen.*“

Erkenne Worte, die Negativassoziationen auslösen und ersetze sie! Auch ein *Ratschlag* ist beispielsweise ein Schlag, weshalb der Begriff *Empfehlung* neutraler ist. Analog wird aus einem *Problem* eine *Herausforderung,* aus *Angst vor einer Situation* wird *Respekt in Bezug auf eine Situation* und *wegmachen* kannst du mit *bewältigen* übersetzen.

∞

Unlucky Beginnings erkennen

Sehr häufig ist schon die Einleitung in eine Nachricht negativ eingefärbt. Hierfür typisch sind Formulierungen wie: „*Nicht böse gemeint, aber …*“ Was resoniert? Das Wort *böse.*

Welche unglücklich gewählten Satzanfänge fallen dir noch ein? Finde mindestens drei. Optimalerweise entdeckst du unglückliche Eingangsfloskeln, die du selbst häufig benutzt (um sie dir abzugewöhnen) oder dir fallen Beispiele ein, die du häufig zu hören bekommst.

Beispiele für unglückliche Eingangsfloskeln in meiner Kommunikation

1. ____

2. ____

3. ____

Du brauchst noch etwas Zeit, weil dir aktuell keine drei Beispiele einfallen? Das ist okay. Markiere dir diese Seite, z. B. mit einem Post-it – und sobald dir im Alltag *unlucky beginnings* begegnen, hältst du sie hier fest. Leider ist die Wahrscheinlichkeit sehr groß, dass dies bald passieren wird. Die positive Botschaft ist, dass du sie zukünftig „entlarven“ und zur Bewusstmachung auf dieser Seite auflisten wirst.

∞

Mit einer positiven Wortwahl Entwicklungspotenziale aufzeigen

Nutze Positivierungen auch dazu, weitere Entwicklungsmöglichkeiten aufzuzeigen. Als Vorgesetzter könntest du beispielsweise in einem Mitarbeitergespräch sagen: *„Hieran müssen Sie noch arbeiten. Da haben Sie ein Defizit.“* Eine motivierendere Alternativvariante könnte sein: *„In diesem Bereich sehe ich noch Entwicklungsraum. Hier können Sie noch effektiver vorgehen, indem ...* (Konkretisierung des Wie). *Meistern Sie diese Herausforderung ebenso kompetent, wie es Ihnen bereits bei ...* (Konkretisierung eines Erfolgserlebnisses) *gelungen ist!“*

Steigerungsformen positiver Begriffe wie *noch effektiver, noch besser, noch liebevoller* zeigen an, dass es noch Veränderungsspielraum gibt, ohne den Empfänger mit vernichtenden Worten wie *Defizit* zu demotivieren. Positivvergleiche wie *ebenso kompetent* führen ebenfalls zu einer positiven Verstärkung, selbst dann, wenn du Entwicklungsfelder aufzeigen möchtest.

Merke!

Beachte bitte, dass die Kernbotschaft selbstverständlich erhalten bleiben soll. Hier geht es darum, dein neutralisierendes und positivierendes Vokabular zu erweitern, um Botschaften wohlwollender einzukleiden. Extremes Schönreden hingegen kann dazu führen, dass die Botschaft nicht mehr so ankommt, wie sie gemeint ist. Auch bei positiv-achtsamen Formulierungen bleiben deshalb Inhalt und Kern der Aussage klar erkennbar. Derart übertriebene Positivformulierungen können ironisch wirken oder dazu führen, dass der Empfänger nicht mehr erkennt, dass es sich um eine Veränderungsempfehlung handelt.

Wenn du anfängst zu üben, trage gern richtig dick auf, wähle super positive Formulierungen. Das ist deshalb wichtig, weil es für die meisten Menschen eine sehr große Herausforderung ist, überhaupt etwas positiv zu formulieren. Sobald dir das gut und beständig gelingt, kannst du das Positiv-Zahnrad wieder ein wenig zurückdrehen.

∞

Nutze minimale Verstärker!

Auch sogenannte minimale Verstärker wirken sich positiv aus. Das, was ohnehin schon positiv ist, intensivieren sie, sie ermutigen und motivieren, sowohl dich selbst als auch andere.

Es gibt **körpersprachliche minimale Verstärker**, z. B. Zustimmung signalisierende Handbewegungen, ein bestärkendes Nicken oder die Kommunikation über die Augen. Dein Gegenüber erfasst, dass deine Worte und deine Körpersprache kongruent sind, was deine Botschaft glaubhafter macht und sie auf unterbewusster Ebene verstärkt.

Verbal kannst du minimal verstärken, indem du zusätzlich kleine Worte wie *ja* oder *richtig* in deine Sätze einwebst. Sehr eindrücklich habe ich das erlebt, als eine Studentin einer Privatuniversität eine positive Rede zur Vermarktung eines Studiengangs hielt und jeden ihrer Sätze mit einem *Yes* begann und beendete. Für die Zuhörer war es so, als validiere das *Yes* das von ihr Gesagte, und für sie selbst war es wie eine autosuggestive Bestätigung, um sich während der Präsentation selbst zu bestärken.

∞

Paraphrasiere neutralisierend und positivierend

Zahlreiche Menschen denken und reden katastrophisierend, so als läge ein Negativfilter auf allem, was ihnen durch den Kopf geht und aus ihrem Mund kommt. Liegt dir schon auf der Zunge, *„Sei doch nicht immer so negativ!“* zu sagen? Es gibt einen besseren Weg: Durch neutralisierendes und positivierendes Paraphrasieren kannst du ihnen zeigen, wie sie anders denken und positiver sprechen können. Du hörst dir achtsam eine Aussage an und spiegelst sie der Person zurück, inhaltlich kongruent (deckungsgleich), verbal wohlwollender formuliert.

So wird aus *„Ich kriege meine Probleme nicht in den Griff, und das hat meine früheren Beziehungen zerstört“* die Paraphrase *„Du hast Herausforderungen zu bewältigen und du glaubst, dass sie in der Vergangenheit deine Beziehungen stark beeinträchtigt haben.“*

Die Spiegelung zeigt Verständnis für die aktuelle Lage und den Glauben der Person, dass ein Zusammenhang zu vergangenen Beziehungen besteht. In der neuen Formulierung wird die Aussage jedoch weicher und das auf eine Art und Weise, die zur Reflexion anregt. Beispielsweise heißt es jetzt, dass die Person *glaubt,* es bestehe ein Zusammenhang zwischen ihren Problemen und gescheiterten Beziehungen. Ein Glaube ich jedoch kein bewiesener Fakt!

∞

Ersetze „müssen“ durch „dürfen“

In unserer Sprache ist „müssen“ eines der meistgenutzten Hilfsverben. Dabei wirkt es psychologisch hemmend, aktiviert Gegenwehr und ist ein reiner Lustkiller. Das liegt u. a. daran, dass wir bereits als Kinder bestimmte unliebsame Dinge tun mussten. *Müssen* löst deshalb ein Leben lang Assoziationen mit unangenehmen Dingen aus wie Pflicht, Überwindung und dem hilflosigkeitsschürenden Gefühl der Ausweglosigkeit. Die Wahrscheinlichkeit, dass jemand bereitwillig etwas tut, das als *Muss* eingeführt wurde, ist sehr gering. Und wenn er es doch tut, dann in der Regel wohl mit Widerwillen.

Der beste Ersatz für *müssen* sind *dürfen* oder *können.* Ist das unpassend, ersetze durch *sollen* oder verzichte ganz auf ein Hilfsverb. Statt *„Du musst den Müll rausbringen“* kannst du sagen: *„Sei so lieb und bring bitte den Müll raus.“* Etwas zu dürfen ist ein Privileg, etwas zu können eine Bestätigung der Selbsteffektivität. Deshalb schafft alles, was durch diese beiden Wörter eingeläutet wird, eine positive Motivation, es zu tun. Sag zu deinem Kind anstatt *„Du musst dringend deine Rechtschreibung* *verbessern, sonst scheiterst du in der Schule"* den Positivsatz *„Du kannst durch …* (Konkretisierung des Wie) *deine Rechtsschreibfähigkeiten verbessern und darfst dich dann über bessere Noten freuen."*

Auch wenn du über dich selbst schreibst oder sprichst, beispielsweise in einem Bewerbungsverfahren, nutze bevorzugt *können* und *dürfen.* Ersteres unterstreicht deine Fähigkeiten und Kompetenzen, Letzteres zeigt, dass du ein demütiger und dankbarer Mensch bist, was dich sympathischer erscheinen lässt. *„Ich musste mich durch das neue IT-Programm kämpfen, wobei mir meine großen Erfolge in Harvard zu Pass kamen"* wirkt ganz anders als das achtsame *„Ich konnte die Herausforderungen mit dem neuen IT-Programm bewältigen, nicht zuletzt aufgrund der Vorerfahrungen, die ich in Harvard machen durfte!"*

∞

Strategie 2 – Minimalisierende Füllwörter und Einschränkungen weglassen

Mit Füllwörtern geizt kaum jemand. Deshalb zielt Strategie 2 darauf ab, dass du dir gewahr wirst, welche Füllwörter du bislang und unbewusst benutzt hast und wie sich dieser Sprachgebrauch auf das auswirkt, was du übermitteln möchtest.

Stell die Frage: „Und uneigentlich?"

Von allen Füllwörten der deutschen Sprache steht *eigentlich* besonders hoch im Kurs. Es ist in der Regel nicht nur überflüssig, sondern beinhaltet auch eine Einschränkung. Unbewusst dahin gesagt kann es u. a. den Effekt positiver Botschaften schmälern, wie in: *„Das hat eigentlich gut geschmeckt."* Vorsicht und Understatements gelten hierzulande viel und deshalb scheint es für deutschsprachige Menschen eine große Herausforderung zu sein, Positives uneingeschränkt stehenzulassen. Wenn wir mit *gut geschmeckt* etwas positiv ausdrücken, verwässern wir die Botschaft durch das Wort *eigentlich.*

Achte einmal besonders auf die Verwendung von *eigentlich* in deiner eigenen Kommunikation und in den Äußerungen anderer. Um aus dem Habitus auszusteigen, frage dich bzw. den Sprecher jedes Mal: *„Und uneigentlich?"* Gibt es keine befriedigende Antwort auf diese Frage, wiederhole den Satz ohne das *Eigentlich,* denn es hat keine Berechtigung!

∞

Drei Buchstaben, die stark einschränken: N U R

In der Hitliste der Füllwörter rangiert kurz hinter *eigentlich* das kleine Wörtchen *nur.* Benutzt wird es meistens, um Kritisches herunterzuspielen und eigenes Verhalten zu bagatellisieren. *„Ich wollte dir ja nur helfen"* ist ein Klassiker. Frage dich also regelmäßig, was das *Nur* bedeuten soll und ob es verzichtbar ist.

∞

Nutze UND statt ABER!

„Sie stecken voller Aber!" Dieser Satz ist tatsächlich in einem Gespräch gefallen, von dem mir berichtet wurde. Und in dem Satz steckt mehr Wahrheit als uns recht sein kann, denn leider benutzten wir das Wort *aber* inflationär. Sehr häufig wird es auch an *negativ besetzte Satzanfänge* gekoppelt. Hier zwei Beispiele:

„Ich will dir ja nur helfen, aber …"
„Ich will dir ja nichts Böses, aber …"

In beiden Fällen sind die Einleitungen, auf die *aber* folgt, negativ besetzt und signalisieren das Gegenteil der positiven Intention, die transportiert werden sollte.

In den meisten Fällen ist es sowohl möglich als auch sinnvoll, *aber* mit *und* zu ersetzen. Ein *Aber* führt stets zu einer Einschränkung. Lobst du jemanden und fährst dann mit einem *Aber* fort, ist es so, als würdest du das Haus, das du gerade mühevoll aufgebaut hast, von hinten wieder einreißen. Hier kommt der *Recency-Effekt* ins Spiel, der besagt: Wir merken uns das, was zuletzt genannt wird. Hierzu ein Beispiel: *„Super, dass du eine Eins in Mathe geschrieben hast, aber pass auf, dass du nicht wieder abrutschst!"* Im Gedächtnis hat das Letztgenannte Vorrang, was bedeutet: Es bleibt nur die negative Einschränkung hängen und das positive Lob wird quasi gelöscht.

Damit richtet der gut gemeinte Satz mehr Schaden an, als dass er motivierend lobt.

Wenn es – was selten der Fall ist – wichtig und notwendig ist, den zweiten Part nachzuschieben, verknüpfe ihn besser mit dem Wort *und* oder baue zwei voneinander unabhängige und mit einem Punkt getrennte Sätze. Dann sind es zwei nebeneinanderstehende Aussagen ohne Kausalverbindung – die das *Aber* fatalerweise „erzwingt".

∞

Strategie 3 – Verallgemeinerungen und Absolutismen meiden

Machen wir weiter mit Wörtern, die *immer* verwendet werden. Und damit kommen wir zur nächsten Kategorie, die mit Vorsicht zu genießen ist: zu Verallgemeinerungen. Das populärste verallgemeinernde Wort ist *immer* – kurz, eher unscheinbar und mit durchschlagender Wirkung. Es erzeugt den Anschein der Ausnahmelosigkeit und suggeriert, eine Behauptung sei ein allgemeingültiger Fakt.

Prüfe immer, ob IMMER die korrekte Wortwahl ist

Tatsächlich gibt es Sachverhalte, die ohne Ausnahme sind, waren und sein werden: Auf die Nacht folgt immer ein Tag. Zwar können Tage und Nächte auf der Erde unterschiedlich lang sein (eine Polarnacht etwa), aber irgendwann wechseln Dunkelheit und Licht einander ab. Doch dann wird es schwierig – wenn man streng wissenschaftlich an die Sache herangeht. Für viele sicher behauptete Phänomene gibt es doch Ausnahmen. Und deshalb dürfte wissenschaftlich betrachtet das Wort *immer (eigentlich und auch uneigentlich!)* nicht verwendet werden.

In der alltäglichen und besonders in der konflikthaften Kommunikation ist das Wort *immer* schädlich. Du kennst bestimmt Sätze wie: *„Immer musst du mich kritisieren“* oder *„Wir streiten uns sowieso immer nur“*, oder im Arbeitskontext *„Das machen Sie immer wieder falsch“*. Vermutlich hast du Ähnliches (häufiger) gehört oder gar selbst gesagt. Dabei tötet dieses kleine Wort jede Hoffnung, denn es lässt keinen Raum für Ausnahmen. In Streitgesprächen wird es zur Waffe, um das Verhalten der anderen Person oder gar die Person selbst zu verdammen.

- Das Wort *immer* kann eine Konfliktsituation noch näher an den Abgrund führen, bis hin zu dem Punkt, von dem aus es kein Zurück mehr gibt, dem so bezeichneten point of no return.
- Wenn du versucht bist, das Wort *immer* zu verwenden: Frage dich, ob das gerade berechtigt ist. Gilt das, was du sagen willst, wirklich ohne jede Ausnahme?

Vermutlich wird das ganz oft nicht so sein, und dann wähle eine passendere Beschreibung. Schauen wir uns ein Beispiel an:

„Immer muss ich mich um den Müll kümmern, obwohl es deine Aufgabe ist. Du achtest und liebst mich nicht.“

Die treffendere und lösungsorientiertere Aussage: „*Als wir die Aufgaben im Haushalt aufgeteilt haben, hast du dich bereit erklärt, dich um den Müll zu kümmern. Allein in diesem Monat habe ich schon fünfmal den Müll weggebracht. Wie können wir zukünftig dafür sorgen, dass jeder seinen Part zuverlässig übernimmt?*“

∞

Sag so gut wie niemals NIE

Sprachpsychologisch gesehen ist *nie* der Zwilling von *immer*. Die dahinterstehende Struktur und auch die aus der Verwendung erfolgenden Konsequenzen sind identisch. Auch *nie* beschreibt eine Ausnahmelosigkeit, die regelhaft nicht der Wahrheit entspricht. Bei genauer Betrachtung lassen sich Ausnahmen finden, denn alles ist veränderlich: die Welt und insbesondere menschliches Verhalten.

2014 erhielt Prof. Dr. Stefan Hell den Nobelpreis für Chemie. In seiner Rede anlässlich der Verleihung mahnte er, das Wort *nie* zu meiden. Ihm und seinem Team war es gelungen, mithilfe eines neuen STED-Mikroskops die Lebensvorgänge im Inneren lebender Zellen nanometergenau abzubilden – etwas, von dem Nobelpreisträger Erwin Schrödinger 81 Jahre zuvor in seiner Rede behauptet hatte, dass es nie möglich sein würde. – Nicht nur Wissenschaftler sollten *niemals nie* sagen, um nicht später widerlegt zu werden.

Die schlagkräftigste „verbale Vernichtungswaffe“ kommt insbesondere in Konfliktsituationen zum Einsatz, wenn man die Absolutismus-Zwillinge kombiniert. Das passiert meist dann, wenn etwas endgültig zu scheitern droht. Bei einem Paar etwa, das kurz vor der finalen Trennung steht, könnte man die folgenden Sätze hören, die jede Hoffnung auf eine zukünftig positive Entwicklung der Beziehung zunichtemacht:

„*Nie gehst du auf meine Gefühle ein. Immer denkst du nur an dich!*“

Die Alternative lautet: „*Ich habe häufig das Gefühl, dass du emotional mehr bei dir als bei mir bist, und ich wünsche mir, dass du dich in meine Gefühlswelt hineinversetzt.*“ Das ist ein klarer Appell, der nicht gleich das Beziehungsende einläutet.

∞

Strategie 4 – Achtsamer Umgang mit dem Verb SEIN

Sein ist das wichtigste Verb in jeder Sprache. Seine Konjugation lernen wir als Erstes in unserer Muttersprache, aber auch in einer Fremdsprache. Am Anfang stehen meist kurze Selbstvorstellungen, um zu sagen, wer wir sind: *„Ich bin …“*, *„Je suis …“ oder „I am …“*. Und wer kennt nicht DAS Shakespeare-Zitat, das die zentrale Frage stellt: *To be or not to be …*

Der Fokus der Achtsamkeitsphilosophie liegt allein auf dem Sein – nicht auf dem Tun und auch nicht auf dem Haben. Stattdessen wird dazu eingeladen, sich als ein seiender, sinnhafter Mensch zu verstehen, verwurzelt im aktuellen Augenblick (Sohr & Wilms 2023).

Wo das Wort *sein* ist, da geht es sehr oft um das Leben an sich, um Identität und Daseinsberechtigung. Deshalb ist besondere Sorge und Achtsamkeit bei seiner Verwendung in all seinen Flexionen und Formen geboten. Jeder Mensch ist einzigartig und die menschliche Persönlichkeit ist so komplex, dass sie sich in Gänze wohl kaum erfassen lässt. Auch noch so hochkarätige Persönlichkeitstests stoßen hier an Grenzen. Dennoch reduzieren wir uns und andere so oft, indem wir sagen, wie oder was wir *sind* bzw. wie oder was jemand *ist*. Menschen z. B., die eine schwere depressive Phase durchleben, befinden gedanklich oder verbal über sich selbst: *„Ich bin ein Versager.“* Wer im Streit den anderen so richtig kleinmachen will, wird vielleicht sagen: *„Du bist ein mieses A …!“*

Auch hierbei handelt es sich um Verallgemeinerungen, und erschwerend kommt hinzu, dass sie auf der Ebene des Seins passieren. Solche Formulierungen sind tief kränkend und bleiben, wenn man sie z. B. in der Kindheit anhören musste, oft lebenslang in Erinnerung. Sie sind wie ein suggestiver Stachel, der wieder und wieder eitert. Menschen, die sich autosuggestiv selbst niedermachen (siehe das Depressionsbeispiel oben), gehen oft noch einen Schritt weiter, indem sie nach Beweisen suchen, die sie in ihrer Selbstabwertung bestätigen.

Selbsterfahrungsübung

Beschreibe den Raum, in dem du dich gerade befindest, mit drei Adjektiven. Beschreibe ihn so, dass diese drei Worte die Einmaligkeit des Raums einfangen, sodass er jederzeit unter der Vielzahl von Räumen auf der Welt jederzeit identifiziert werden kann.

Wie ist es dir ergangen? Ist es dir gelungen, mit drei Adjektiven die Besonderheiten und Einzigartigkeit eines einfachen Raumes eindeutig zu erfassen? – Wahrscheinlich nicht. Wie kann es dann sein, dass du dich oder andere auf ein einziges Wort reduzierst, wo wir Menschen doch weitaus komplexer sind als ein Raum?

Wenn du also kurz davor stehst, dich selbst als „Versager" abzuwerten, differenziere zwischen *sein* und *tun*. Formuliere *„Ich bin ein Versager"* gedanklich um in *„Ich habe in dieser Situation das Gefühl, dass es eine bessere Lösung gegeben hätte und ich sinnvoller hätte handeln können."* Aus einer Generalabwertung wird so eine selbstkritische Einsicht, die auf das Tun in einer konkreten Situation bezogen ist, anstatt dein gesamtes Sein zu beschädigen.

Gleichermaßen kannst du, wenn du wütend und enttäuscht bist, von der Seins- auf die Tun-Ebene wechseln. Aus *„Du bist ein Miststück"*, um deine Enttäuschung auszudrücken, wird: *„Ich finde, dass du dich gestern Abend auf der Party unangemessen verhalten hast, als du herumgeflirtet hast. Das hat mich sehr verletzt."*

Strategie 5 – Positive sich selbst erfüllende Prophezeiungen

Wir neigen fortwährend dazu, Zukunftsprophezeiungen zu formulieren. Was Psychologen *effort after meaning* nennen, beschreibt das menschliche Bedürfnis, alles verstehen, einzuordnen und vorhersagen zu wollen. Das gibt uns ein Pseudogefühl von Kontrolle und Berechenbarkeit in einer unberechenbaren Welt. Selten sind unsere Prophezeiungen positiv und zuversichtlich. Das Gehirn scannt vorbereitend alles auf mögliche Gefahren und Negativereignisse ab, und meistens wird ein Scheitern prophezeit. Bei selbstunsicheren und depressiven Menschen ist das ganz besonders häufig der Fall.

Eltern und Vorgesetzte, die nicht gelernt haben, effektiv zu motivieren, nutzen Negativprophezeiungen sogar vorsätzlich als Warnung. Sie erzeugen Furcht und bauen eine konkrete Drohkulisse auf, oft in erpresserischer Absicht, und wollen mithilfe eines Negativszenarios die Einsicht erreichen, sich vom Negativen abzuwenden. Das funktioniert so nicht – ganz im Gegenteil: Je häufiger bestimmte Prophezeiungen gedanklich monologisiert oder im zwischenmenschlichen Dialog wiederholt werden, desto schneller entwickeln sie sich zu sich selbst erfüllenden negativen Prophezeiungen. Sie entwickeln sozusagen ein Eigenleben. Eine Prophezeiung, die normalerweise keine Rolle gespielt hätte, ist durch die wiederholte Ansage paradoxerweise zu einer

Richtungsschnur geworden. Statt abzuschrecken, hat sie sich suggestiv eingebrannt und unbewusst exakt das ausgelöst, was sie verhindern sollte.

Besonders gefährlich sind *Wenn-dann-Verknüpfungen*, eine spezielle Unterform von sich selbst erfüllenden negativen Prophezeiungen: *„Wenn du nicht endlich anfängst, dein Leben in den Griff zu bekommen, landest du in der Gosse.“* Erkenne diese Art von Prophezeiungen, damit sie sich eben nicht erfüllen!

Doch auch hier gibt es Hoffnung, denn negative lassen sich in positive Prophezeiungen umkehren – und das kannst du dir zu Nutze machen. Formuliere also positive Prophezeiungen, gedanklich für dich selbst und auch im Kontakt mit anderen Menschen. Formuliere positive Zielszenarios und beschreibe sie imaginativ in so vielen Details, dass sie in deiner Vorstellung zu etwas Realem, bereits Existierendem werden. Dass das wirklich funktioniert – in sensu (imaginativ) oder in vivo (real) – zeigen Erfahrungen aus der Verhaltenstherapie.

Nehmen wir an, ein Manager fürchtet sich vor einer wichtigen Rede. Im Coaching oder in der Therapie kann er lernen, sich imaginativ in die bevorstehende Situation zu „beamen“ und sich vorzustellen, wie er selbstsicher und überzeugend mit Bravour die Situation meistert. Vor der realen Rede existiert bereits ein positiver Blueprint dieser Situation – so, als hätte sie bereits erfolgreich stattgefunden. Man könnte hier von einer imaginativen Positiv-Impfung sprechen – gänzlich frei von Nebenwirkungen.

Ähnlich ist es möglich, Menschen, die wiederholt unter Albträumen leiden, eine Traumweiche mit einem positiven, selbst-formulierten Traumende zu suggerieren. Wenn sie dann erneut den Albtraum haben, können sie ihn auf ihre eigene Positivversion umleiten. Gerade für Menschen, die immer wieder von demselben Traum verfolgt werden oder die wiederkehrende Alpträume aufgrund traumatischer Erlebnisse durchleiden, ist das Umstellen der Traumweiche auf einen positiveren Ausgang heilsam und befreiend. Hierdurch ist es möglich, therapeutisch belastende Schienen herauszuschneiden und den Gedankenzug in eine positivere Richtung umzuleiten, so wie eine Gen-Schere, die belastendes Erbmaterial ausschneidet.

Der eben kurz angerissene therapeutische Ablauf ist viel komplexer und kann hier nicht umfassend dargestellt werden.

Die wesentliche Nachricht ist, dass positive sich selbst erfüllende Prophezeiungen möglich sind. Und sie funktionieren, denn dauerhaft verliebte Paare, beruflich erfolgreiche Persönlichkeiten oder insgesamt glückliche Menschen leiten sich durch konkrete Positiv-Visionen in Form von sich selbst erfüllenden positiven Prophezeiungen.

Wie beruhigend kann es sein, wenn ein vertrauensvoller Mensch voller Überzeugung und Zuversicht in einer Krisensituation zu dir sagt: *„Gemeinsam werden wir eine Lösung finden!“*

Das Motto *Wir schaffen das!* hingegen ist bis auf Weiteres aufgrund der Merkel'schen *Wir-schaffen-das-Politik* im Kontext der nicht bewältigten Flüchtlingskrise als sich selbst erfüllende positive Prophezeiung verbrannt und deshalb eher zu meiden.

∞

Strategie 6 – Ich wünsch mir was im Konjunktiv

Möchtest du jemanden für etwas gewinnen, ist der effektivste Weg, deinen Wunsch im Konjunktiv zu formulieren. *Ich-will-Formulierungen* lösen beim Empfänger Widerstand und Reaktanz aus. Sie erinnern an ein bockiges Kind, dem man klare Grenzen setzen möchte, statt seine Forderungen zu erfüllen. Wahrscheinlich wirst du ein *Nein* ernten, wenn du deine Forderung nicht an einen Dauer-Ja-Sager gerichtet hast. *Du-sollst-Appelle* fallen in das gleiche Reaktionsraster.

Wähle deshalb eine achtsame Wunschvariante im Konjunktiv, denn so hat dein Gegenüber das Gefühl, frei entscheiden zu dürfen, ob er den Wunsch erfüllt oder nicht. Wer Entscheidungsfreiheit spürt und sich nicht gedrängt fühlt, wird mit höherer Wahrscheinlichkeit zum Wunscherfüller.

Kommen wir auf unser passendes Alltagsbeispiel mit dem nicht runtergebrachten Müll zurück: *„Nie bringst du den Müll runter, obwohl du das machen musst. Ich will, dass du jetzt erledigst, was du tun sollst!“*

Im Konjunktiv klingt es in etwa so:

„Schon zum dritten Mal habe ich in dieser Woche den Müll entsorgt. Dabei hatten wir uns anders geeinigt. Ich würde mir von dir wünschen, dass du das von nun an wieder erledigst. Ansonsten können wir über Alternativen sprechen und die Aufgaben anders verteilen.“

∞

Strategie 7 – Mit offenen und hoffnungsstiftenden Fragen enden

Mit Fragen können wir eine Kommunikationssituation öffnen oder schließen. Fragen ermöglichen Tiefe und Verständnis, können allerdings ebenso Reaktanz auslösen und den anderen mit dem Rücken an die sprichwörtliche Wand stellen. Wenn du dein Wissen rund um Fragen weiter vertiefen möchtest: Es gibt Bücher allein zu diesem Thema.

Meide zu viele Fragen auf einmal und meide geschlossene Fragen

Fragen gilt es wohldosiert einzusetzen, möglichst *one at a time!* Zu viele Fragen auf einmal verwirren, denn im Gehirn werden zu viele „Tabs" gleichzeitig geöffnet. An der Oberfläche entsteht ein Durcheinander, wohingegen du in einer gewinnenden Kommunikation Klarheit in der Tiefe suchst.

Unachtsame Menschen überfallen ihre Kommunikationspartner häufig mit einer ganzen Batterie schnell aufeinander folgender Fragen. Wie aus dem Maschinengewehr prasselt es auf sie ein und lässt sie sprachlos und verwirrt zurück.

Belasse es also zunächst bei einer Frage, die optimalerweise eine offene Frage und damit ein Türöffner zu einem tieferen Gespräch ist. Deine Eingangsfrage kannst du vertiefen, dann aber folgen sinnvollerweise Spiegelungen und Paraphrasen oder kurze Zusammenfassungen des Gehörten, um zu zeigen, dass du aktiv zugehört hast, bevor sich weitere Fragen anschließen. Die Antwort auf eine Frage sollte also gekoppelt sein an eine empathisch-verständnisvolle Reflexion:

„Ah, ich verstehe. In der Situation hättest du dir gewünscht, dich mehr von mir geliebt zu fühlen. Wie kann ich zukünftig dafür sorgen, dass meine Liebe bei dir ankommt?"

Was sind offene Fragen? Das sind insbesondere die sogenannten W-Fragen: *Wo? Wann? Wie? Was? Wer?* Im Unterschied zu geschlossenen Fragen, die nur mit *ja* oder *nein* beantwortet werden und den Kommunikationsweg enden lassen, laden offene Fragen den anderen dazu ein, etwas zu erzählen: *„Wie hast du gemerkt, dass das Thema Achtsamkeit wichtig für dich ist?"* Sie führen auf tiefere Kommunikationsebenen und fördern eine tragfähige Bindung zwischen den Kommunikatoren. Und wenn das erreicht ist, wird es möglich, Themen vertrauensvoll anzusprechen und den anderen zu gewinnen.

∞

Warum ist die Frage nach dem WARUM keine offene W-Frage?

Bei den oben aufgezählten Fragepronomina wirst du vielleicht eins vermissen: warum. Das ist aus einem guten Grund so, denn die Frage *Warum?* löst bei den meisten Menschen Abwehr aus, denn in der Regel fordert sie dazu auf, sich zu rechtfertigen. Mehr oder weniger ist es so, als stünde man vor Gericht. Oder es kommen Kindheitserinnerungen an inquisitorische Fragen auf: *Warum hast du das gemacht?* Das Fragewort WESHALB scheint zunächst Ähnliches auszulösen. Tatsächlich ist es weitaus milder und positiver assoziiert als WARUM. Das liegt wahrscheinlich daran, dass es weniger gebräuchlich ist und deshalb seltener herangezogen wurde, um uns in Folge unserer „Kindheitssünden" rechtfertigend an den Pranger zu stellen.

Es ist nicht nötig, auf die Frage nach dem Grund von etwas zu verzichten. Wähle dafür eine elegante Warum-Umgehung, etwa so: *„Ich würde gerne deine Beweggründe für dein Verhalten eben im Restaurant erfahren."*

Du kannst gern auch Prinzipien und Strategien sinnvoll kombinieren. Nehmen wir an, du weißt, dass dein Partner sehr empfindsam auf Kritik reagiert und sich schnell persönlich angegriffen fühlt. In diesem Fall lenke den Fokus von ihm (du) auf wir / uns. Das lässt sein Ego leichter unbeschadet: *„Wir streiten uns in letzter Zeit sehr viel. Was, glaubst du, könnten die Gründe hierfür sein? Wie wollen wir gemeinsam eine Lösung dafür finden, um in Zukunft wieder glücklich miteinander leben zu können?"*

∞

Teil III

Du kennst nun das kleine Einmaleins der achtsamen Sprache und mithilfe der Beispiele und praktischen Übungen konntest du schon etwas einsteigen und dich mit den wesentlichen Prinzipien und Strategien vertraut machen. Herzlichen Glückwunsch!

Kennst du den *Gemeinsamen Europäischen Referenzrahmen (GER) für Sprachen?* Er dient dazu, den Fortschritt beim Erlernen einer Fremdsprache zu messen. Dafür gibt es drei Level, die nochmals unterteilt werden:

- A = Elementare Sprachverwendung / A1 = Anfänger,
A2 = Grundlegende Kenntnisse
- B = Selbstständige Sprachverwendung / B1 = Fortgeschrittene Sprachverwendung,
B2 = Selbstständige Sprachverwendung
- C = Kompetente Sprachverwendung / C1 = Fachkundige Sprachkenntnisse,
C2 = Annähernd muttersprachliche Kenntnisse

Du hast in diesem Referenzrahmen inzwischen Level A2 erreicht und schreitest nun fort, um auch Level B (Kapitel 5) und Level C (Kapitel 6 und 7) zu meistern.

III list

5. Die Prinzipien und Strategien in alltäglichen Situationen anwenden

Im Folgenden findest du jeweils sieben Szenarien ganz typischer Situationen im Alltag, im Beruf und in Beziehungen, die Beispiele für die Verwendung unachtsamer Sprache sind. Du bist jetzt dazu eingeladen, im ersten Schritt zu erkennen, welche Prinzipien und Strategien achtsamer Sprache hier nicht beachtet wurden. Formuliere dann im nächsten Schritt die Aussagen achtsam um und vergleiche dann deine Version mit der achtsamkeitsbasierten Empfehlung am Ende des Szenarios.

Bitte beachte:

- **Die eine Lösung gibt es nicht**, sondern mehrere achtsame Varianten, die gleich gut sein können!
- Vielleicht findest du nicht in allen Szenarien deine Lebenswirklichkeit wieder. Das ist zu erwarten und völlig okay. Durch die Umformulierung gewinnst du in jedem Fall Praxiserfahrungen, die du auf andere Lebenssituationen übertragen kannst.

5.1 Reaktionsmuster in Alltagssituationen verändern

Szenario 1 – Einkaufsschlange

In einer langen Schlange stehst du in einem Lebensmittelmarkt mit vielen Menschen an der Kasse an. Es geht nur langsam voran, Ungeduld macht sich breit. Plötzlich kommt eine junge Frau, die sich nicht hinten anstellt, sondern an allen vorbeizieht und sich selbstsicher vor einem Kind einreiht, das vor dir in der Schlange steht. Mit dieser Aktion erntet sie böse Blicke, es wird getuschelt, aber erstmal sagt niemand etwas. Das Kind ist verunsichert und still. Doch dann …

Unachtsame Sprachreaktion

Na, hören Sie mal, das geht ja wohl gar nicht! Machen Sie das immer so? Sie sind wohl nur auf Ihren Vorteil aus und alle anderen sind Ihnen offensichtlich egal. Und auf Kinder achten Sie dann auch nicht, Sie übergehen sie einfach, oder? Schämen Sie sich!

Deine achtsame Umformulierung

____

____

____

____

____

____

Achtsamkeitsbasierte Empfehlung

Die Zeit aller Menschen, die hier in der Schlange stehen, ist wertvoll. Wir warten, bis wir an der Reihe sind. Das tut auch das Kind, das jetzt hinter Ihnen steht. Bitte seien auch Sie ein positives Vorbild und stellen sich bitte ordnungsgemäß am Ende der Schlange an. Danke!

Szenario 2 – Beginn eines neuen Lebensabschnitts

Stell dir vor, du bist irgendwo ganz neu: an der Uni, in einer WG, in einem Sportverein oder am Arbeitsplatz. Alle anderen kennen einander und du fühlst dich wie ein Außenseiter und möchtest gerne dazugehören. Wie machst du das?

Unachtsame Sprachreaktion

Hey, also ich, ich bin XY. Ich interessiere mich sehr für ABC und bin da so richtig erfolgreich. Ich kann euch nur den Ratschlag geben, das unbedingt auch mal auszuprobieren, sonst fehlt euch was im Leben. Es wäre nicht schlecht, wenn wir mal zusammen was machen.

Deine achtsame Umformulierung:

____

____

____

____

____

____

Achtsamkeitsbasierte Empfehlung

Hi, ich bin XY und freue mich darauf, ab jetzt bei euch zu sein. Was macht ihr so, wofür interessiert ihr euch? Vielleicht gibt es ja etwas, das wir gemeinsam spannend finden. Es wäre schön, bald mehr Zeit mit euch zu verbringen, damit wir einander besser kennenlernen können. Darüber würde ich mich sehr freuen.

Szenario 3 – Reisereklamation

Du möchtest einmal richtig ausspannen und hast ein teures Zimmer in einem Sternehotel gebucht. Was du allerdings bei der Buchung nicht wusstest: Dein Zimmer liegt direkt über dem Partysaal. Du hast kaum schlafen können, weil dort bis tief in die Nacht eine Hochzeit gefeiert wurde. Und auch sonst bist du unzufrieden, denn die Fotos des Hotels waren trügerisch. Die Realität sieht anders aus: dringend renovierungsbedürftige Zimmer und Schimmel im Bad. Beim Check-out …

Unachtsam-unsichere Sprachreaktion

Naja, man erwartet ja eigentlich schon, dass man ruhig schlafen kann. Das war jetzt nicht ganz so toll hier!

Deine achtsame Umformulierung

____

____

____

____

____

____

Achtsamkeitsbasierte Empfehlung

Ich hätte mir gewünscht, hier ganz in Ruhe und heilsam ausschlafen zu können und ein sauberes Zimmer vorzufinden. Leider hat mich die Geräuschkulisse aus dem Partysaal am Schlafen gehindert und auch mein Zimmer entsprach nicht dem, was die Fotos auf Ihrer Website versprechen. Wie wollen wir jetzt damit umgehen? Was können Sie mir jetzt konkret anbieten, sodass ich Ihr Haus mit einem positiven Gefühl verlasse?

∞

Szenario 4 – Umgekipptes Kuchenendstück beim Bäcker

Du stehst beim Bäcker an der Theke und freust dich auf ein Stück deines Lieblingskuchens. Eine Prüfung ist sehr gut für dich gelaufen und dafür möchtest du dich jetzt – Kalorien hin oder her – belohnen. Dann bist du an der Reihe und du siehst, dass die Verkäuferin dabei ist, für dich ein ausgetrocknetes Endstück auf das Tablett zu heben. Es war zudem schon einmal umgekippt und sieht weniger appetitlich aus als die anderen Kuchenstücke.

Unachtsame Reaktion

Eigentlich hatte ich mich total auf den Kuchen gefreut, aber irgendwer muss wohl immer das Endstück kaufen und man muss ja nehmen, was man kriegt!

Deine achtsame Umformulierung

____

____

____

____

____

____

Achtsamkeitsbasierte Empfehlung

Seien Sie so gut und geben mir bitte das lecker aussehende Kuchenstück daneben. Das ist super lieb von Ihnen!

∞

Szenario 5 – Unberechtigte Schulnote

Dein Kind kommt enttäuscht aus der Schule. Es hat eine Arbeit zurückbekommen und die Note ist viel schlechter als erwartet. Du schaust dir die Sache genauer an, zählst selbst die Punkte zusammen und merkst: Der Lehrer hat sich zu Ungunsten deines Kindes verrechnet. Außerdem hat er etwas als falsch angestrichen, das eindeutig richtig ist. Du rufst den Lehrer an.

Unachtsame Reaktion

Auch wenn das nicht so ganz richtig gewesen ist, was mein Kind hier geleistet hat, sollten Sie als Lehrer nicht so doof sein, Punkte falsch zusammenzurechnen. Hat man Ihnen das im Studium etwa nicht beigebracht? Ich verlange, dass Sie das korrigieren. Und wenn so etwas nochmal vorkommt, werde ich eine Dienstaufsichtsbeschwerde einreichen und dann machen Sie sich auf was gefasst!

Deine achtsame Umformulierung

____

____

____

____

____

____

Achtsamkeitsbasierte Empfehlung

Selbstverständlich gibt es bei meinem Kind noch Verbesserungspotenzial. Dafür ist die Schule da und deshalb geht es täglich dorthin. Ich schätze Sie als kompetenten Lehrer und möchte Sie bitten, die Punkte in XYs letzter Klassenarbeit einmal nachzurechnen, damit ich das Ergebnis nachvollziehen kann. Außerdem haben Sie YZ als Fehler angestrichen. Wie wollen wir damit umgehen? Laut dem Buch ist diese Vokabel sehr wohl richtig. Mir ist sehr an einer korrekten Benotung gelegen, damit mein Kind weiterhin motiviert am Unterricht teilnimmt und möglichst viel von Ihrer Fachkompetenz profitieren kann.

∞

Szenario 6 – Ein unglücklich verlaufender Arzttermin

Du hast akute Schmerzen in der Schulter und lange auf einen Termin beim Orthopäden gewartet. Endlich bist du dran, aber der Arzt hört dir überhaupt nicht zu und es sieht eher so aus, als wolle er dich schnell loswerden. Er kümmert sich auch nicht um dein Befinden, sondern lenkt mit Smalltalk von deinem Thema ab. Du verzweifelst und möchtest die Aufmerksamkeit des Arztes auf deine Schulter lenken, hast dich jedoch bisher nicht getraut, bei deinem hoch qualifizierten Arzt etwas einzufordern.

Unachtsame Reaktion

Dürfte ich ganz vielleicht nochmal sagen, dass meine Schulter wehtut? Aber wenn Sie meinen, dass das gar nicht so schlimm ist, dann werden Sie als Experte schon Recht haben.

Deine achtsame Umformulierung

____

____

____

____

____

____

Achtsamkeitsbasierte Empfehlung

Sie sind für mich der Experte auf diesem Gebiet. Darum habe ich mich für eine Behandlung bei Ihnen entschieden und sehr lange auf diesen Termin gewartet. Lassen Sie uns jetzt bitte wieder zu meiner Schulter zurückkommen. Ihre Zeit ist wertvoll und meine ist es auch. Welche Untersuchungen werden Sie jetzt veranlassen und welche Informationen benötigen Sie aktuell von mir, um mir bestmöglich zu helfen, meine akuten Schmerzen zu bewältigen?

Szenario 7 – Lästerei in einer WhatsApp-Gruppe

Du bist in einer Reitgemeinschaft und zur Kommunikation nutzt ihr eine WhatsApp-Gruppe. Ihr habt alle – sogar schriftlich – vereinbart, bei Dissonanzen direkt miteinander zu reden und nicht innerhalb der Gruppe übereinander zu sprechen. Euch ist an einer offenen Kommunikation gelegen und ihr möchtet Freude an der Freizeit auf dem Reiterhof haben. Doch dann geht in der WhatsApp-Gruppe die Post ab. Jemand aus der Gruppe fängt an, über den Hofbesitzer abzulästern, der nicht Mitglied in dieser Gruppe ist.

Unachtsame Reaktion

Ja, ihr habt genau recht. Das ist Mist. Mir fällt dazu noch ein, dass ich gestern xy wollte und das ging dann nicht. Fand ich echt doof. Auch letzte Woche war […] und dann im Oktober […]. Nie läuft es hier richtig. Immer klappt irgendwas nicht. Zwar hatten wir eine eigentlich nicht ganz unhilfreiche Aussprache, aber alles, was man so erwartet, wurde eigentlich nicht erfüllt!

Deine achtsame Umformulierung

____

____

____

____

____

Achtsamkeitsbasierte Empfehlung

Wir alle sind Teil dieser Gruppe und der Hofbesitzer hat sich viel Mühe gegeben. Er hat sogar eine Vereinbarung formuliert, wie wir mit den wiederholt auftretenden, ganz üblichen Herausforderungen umgehen wollen. Lasst uns einen Termin vereinbaren, um offen über unsere Empfindungen zu sprechen und gemeinsam Lösungen zu finden. Erst neulich hatte ich ein konstruktives Gespräch mit dem Hofbesitzer, das mir bestätigt hat, dass es sich lohnt, vertrauensvoll miteinander zu sprechen. Was ist denn die aktuelle Herausforderung, die wir ansprechen wollen?

∞

5.2 Reaktionsmuster in beruflichen Situationen verändern

Szenario 1 – Tätigkeiten im Team verteilen

Dir fällt auf: Unverhältnismäßig viele, insgesamt nicht ganz so beliebte und schwierige Arbeitsaufträge landen bei dir. Deine Kollegen werden deutlich weniger mit diesen herausfordernden Arbeiten überhäuft und haben mehr Luft. Das gefällt dir natürlich nicht und du sprichst es an.

Unachtsame Reaktion

Warum habt ihr eigentlich immer viel weniger Arbeit als ich? So etwas nennt man voll unfair. Man muss das anders verteilen, sonst geht hier bald alles den Bach runter!

Deine achtsame Umformulierung

____

____

____

____

____

____

Achtsamkeitsbasierte Empfehlung

Ich habe mir mal angeschaut, welche Tätigkeiten insgesamt in unserer Abteilung anfallen. Ich wünsche mir, dass wir die Verteilung gemeinsam planen und dabei auch berücksichtigen, wer was am besten kann und ob es persönliche Vorlieben gibt. Wir können dann auch gleich eine Lösung finden für eine ausgeglichene Verteilung der herausfordernden Tätigkeiten. Das haben wir im letzten Jahr bei Projekt xy bereits so gemacht, und damals ist das sehr gut gelaufen. Deswegen bin ich zuversichtlich, dass wir hier und jetzt die Weichen so stellen können, dass wir alle zufrieden sind und unsere Zielvision erreichen.

∞

Szenario 2 – Einen Vorgesetzten auf Überlastung hinweisen

Du bist körperlich und gesundheitlich am Limit und erkennst: Wenn sich nicht bald etwas ändert, landest du im Burnout. Es fällt dir schwer, mit deinem Chef über deine Überlastung zu reden, denn du fürchtest, er könnte an deiner Leistungsfähigkeit zweifeln, wenn du es falsch ansprichst.

Unachtsame Reaktion

Also, es gibt da was, über das ich eigentlich gern reden würde ... Nichts wirklich ganz so Schlimmes ... Mein Arzt meinte nur, ich solle vielleicht mal etwas kürzertreten, und eigentlich ist das ja auch gar nicht so verkehrt.

Deine achtsame Umformulierung

____

____

____

____

____

____

Achtsamkeitsbasierte Empfehlung

Meine Arbeit ist mir sehr wichtig und gemeinsam haben wir in den letzten Jahren einige Herausforderungen bewältigt. Ganz sicher ist auch Ihnen bewusst, welche Rolle die Gesundheit heutzutage spielt. Ich habe für mich erkannt, dass ich an einem Punkt bin, an dem ich meine Gesundheit stärker beachten möchte. Konkret bedeutet das, dass ich Verpflichtungen abgeben werde, um weiterhin gesund zu bleiben. Ich würde mir sehr wünschen, dass Sie mich hierin unterstützen.

Szenario 3 – Ein Team motivieren

Du führst ein Team und euch wurde eine Frist gesetzt, um ein bestimmtes Ergebnis zu liefern. Ihr habt nicht mehr viel Zeit, dafür jedoch viele verschiedene Meinungen innerhalb des Teams. Alle scheinen eher unmotiviert und lustlos zu sein. Daran willst du etwas ändern.

Unachtsame Reaktion

Wenn ihr nicht zu Potte kommt, sondern wie immer alles schlecht redet, schaffen wir die Fertigstellung bis zur Frist nie. Mir macht das auch nicht besonders viel Spaß, aber irgendwie müsst ihr euch überwinden. Man weiß ja nie, was uns sonst noch droht. Also kommt jetzt mal in die Gänge, meine Damen und Herren!

Deine achtsame Umformulierung

____

____

____

____

____

____

Achtsamkeitsbasierte Empfehlung

Wir sind ein Team, wir haben ein zeitliches Ziel und eine Mission. Was können wir jetzt tun, um dafür zu sorgen, dass am Stichtag das Projekt steht und wir es gemeinsam mit Stolz präsentieren können? … Welche einzelnen Schritte sind zu erledigen und wie wollen wir sie verteilen? … Wer hat positive Ideen, wie wir uns in dieser Situation gegenseitig motivieren können? Reihum darf jeder jetzt eine Idee mit uns als Team teilen, wie wir motiviert bleiben können.

∞

Szenario 4 – Eine Beförderung anregen

Du interessierst dich für eine betriebsintern ausgeschriebene Stelle, die für dich eine Beförderung bedeuten würde. Bis jetzt hat dir noch niemand empfohlen, dich zu bewerben. Du überlegst, wie du dich ins Spiel bringen kannst, ohne aufdringlich oder überheblich zu wirken und zugleich selbstsicher die Chance für dich zu nutzen.

Unachtsame Reaktion

Also, ich habe gehört, … naja, in der Kantine wurde davon erzählt, dass wohl bald die Stelle xy frei werden soll …? Man spricht jedenfalls darüber. Ich habe mir nun gedacht, dass man sich ja eigentlich auch mal bewerben kann. Ist doch kein Problem für Sie, oder?

Deine achtsame Umformulierung

____

____

____

____

____

____

Achtsamkeitsbasierte Empfehlung

Soweit ich richtig informiert bin, wird bald die Stelle xy vakant, auf die ich mich sehr gern bewerben möchte. Ich habe intensiv reflektiert und bin davon überzeugt, die passende Person für diese Stelle zu sein. Ich würde mir wünschen, dass Sie meine Bewerbung unterstützen und bin offen, mich weiterzuentwickeln, um den neuen Herausforderungen bestmöglich zu begegnen. Geben Sie mir diesbezüglich gern konstruktives Feedback.

∞

Szenario 5 – Konstruktiv kündigen

Dir wurde von einer anderen Firma eine sehr interessante Stelle angeboten, und obwohl du mit deiner derzeitigen Arbeit insgesamt ganz zufrieden bist, hast du dich entschlossen, zu kündigen. Die angebotene Position bietet neue Herausforderungen und Entwicklungsmöglichkeiten.

Unachtsame Reaktion

Ach übrigens, ich habe etwas Besseres gefunden. Gesetzlich sind Sie verpflichtet, mir eine Beurteilung auszustellen und dann bin ich weg – für immer!

Deine achtsame Umformulierung

Achtsamkeitsbasierte Empfehlung

Ich möchte Sie darüber informieren, dass ich mich für eine neue berufliche Herausforderung entschieden habe. Hier haben wir gemeinsam einige Herausforderungen bewältigt. Rückblickend gab es Situationen, in denen ich zufrieden war und Situationen, in denen ich mir andere Lösungen gewünscht hätte. Gern bewahre ich mir die positiven Erinnerungen, die sicher auch im Arbeitszeugnis dokumentiert sein werden. Es würde mich freuen, wenn unsere Wege uns irgendwann und irgendwo wieder zusammenführen.

∞

Szenario 6 – Einen Arbeitsauftrag ablehnen

Du giltst in deiner Firma als sehr zuverlässig, was häufig dazu führt, dass dir Aufgaben übertragen werden, die niemand besonders mag. Genau das ist jetzt wieder passiert, und diesmal möchtest du den Arbeitsauftrag nicht annehmen. Du überlegst, wie du geschickt ablehnen kannst, ohne deinen Vorgesetzten zu kränken. Gleichzeitig möchtest du erreichen, dass dein Nein nicht infrage gestellt wird.

Unachtsame Reaktion

Eigentlich bin ich nicht der Richtige dafür. Haben Sie schon XY gefragt? Vielleicht will die das ja machen. Weshalb kommen Sie eigentlich immer zu mir mit solchem Kram, den keiner machen will? Das war erst letzten Monat, bei Projekt YZ, auch schon so. Ich muss schon sagen, Sie sind nicht gerade ein gerechter Chef!

Deine achtsame Umformulierung

____

____

____

____

____

____

Achtsamkeitsbasierte Empfehlung

Danke für Ihr Vertrauen in meine Kompetenzen. Ich finde es sehr wichtig, dass alle Kolleginnen und Kollegen ihre Kompetenzen weiterentwickeln, und das ließe sich erreichen, indem sie Projekte dieser Art übernehmen. Zukünftig könnten dann solche Aufgaben auf verschiedene kompetente Schultern verteilt werden. Bei aller Wertschätzung möchte ich zu diesem Auftrag nein sagen und mich mit voller Aufmerksamkeit unserem Projekt xy widmen, das Sie mir erst kürzlich übertragen haben.

∞

Szenario 7 – Eine Konferenz lösungsorientiert moderieren

Mehrere Geschäftspartner, die sich in etlichen Punkten nicht einig sind, sind zu einer Konferenz zusammengekommen, die du moderierst. Schnell sind die strittigen Punkte auf dem Tisch, es wird zum Teil laut und heftig. Für dich hängt viel davon ab, dass ihr euch am Ende erfolgreich einigt.

Unachtsame Reaktion

Das kann doch nicht wahr sein, dass Sie immer nur streiten! Werden Sie doch mal vernünftig und erwachsen! Eigentlich wollen Sie doch alle, dass das hier läuft, also stellen Sie sich nicht so an! Ich gebe Ihnen den dringenden Ratschlag das Problem nicht noch schlimmer zu machen!

Deine achtsame Umformulierung

____

____

____

____

____

____

Achtsamkeitsbasierte Empfehlung

Jetzt sind wir an einem Punkt angekommen, an dem es wichtig ist, positiv in die Zukunft zu schauen und unseren kleinsten gemeinsamen Nenner auszumachen. Den gibt es definitiv. Deshalb sitzen wir jetzt und hier gemeinsam an einem Tisch! Meine Empfehlung ist, dass wir jetzt damit beginnen, gemeinsame Ziele zu visualisieren. In einem späteren Schritt können wir uns alle Themen vornehmen, die jetzt noch herausfordernd sind, eins nach dem anderen. Wer von Ihnen möchte eine andere lösungsorientierte Vorgehensweise vorschlagen? Andernfalls verfahren wir so wie gerade skizziert!

∞

5.3 Reaktionsmuster in Beziehungssituationen verändern

Szenario 1 – „Gute" freundschaftliche Empfehlung

Du bist frisch verliebt und deine Freundin, die Single ist, gibt dir kritische Beziehungsempfehlungen. Sie kennt deinen Freund noch nicht und sie rät dir, ihm von Anfang an Grenzen zu setzen.

Unachtsame Reaktion

Okay, wenn du meinst, dann halte ich den besser auf Abstand. Du bist meine beste Freundin und bestimmt hast du recht, wenn du meinst, der will mich nur kontrollieren. Da hat er sich aber die Falsche ausgesucht. Das lasse ich nicht mit mir machen. Bestimmt will er uns auch beide auseinanderbringen!

Deine achtsame Umformulierung

____

____

____

____

____

____

Achtsamkeitsbasierte Empfehlung

Wie kommst du auf diese Bewertung? Woran machst du das fest? Du bist und bleibst meine beste Freundin und ich darf auch in meinen Freund verliebt sein. Ich bin ihm wichtig und du bist mir wichtig. Lern ihn gern selbst kennen und wenn du magst, können wir auch mal zu dritt etwas unternehmen. Auch werden du und ich weiterhin unsere gemeinsamen Abende haben und sicher wirst du dich auch über mein Liebesglück freuen, wenn ich Exklusivabende mit ihm verbringe.

∞

Szenario 2 – Nicht zu einer Party eingeladen sein

In deinem Freundeskreis wird plötzlich viel über eine Party gesprochen, die bei einer Freundin stattfinden soll und für die viel organisiert werden muss und auf die sich alle riesig freuen. Nur: Du bist nicht eingeladen und fühlst dich enttäuscht, gekränkt und ausgeschlossen. Du sprichst die Gastgeberin an …

Unachtsame Reaktion

Wie gemein ist das denn! Warum hast du mich nicht eingeladen? Bestimmt siehst du in mir eine Konkurrentin. Ich habe es eigentlich immer schon gewusst. Du bist eine ganz gemeine Heuchlerin, tust so, als wären wir Freundinnen und in Wirklichkeit hast du X und Y und Z auch hintergangen. Ich werde allen erzählen, was du für ein Miststück bist!

Deine achtsame Umformulierung

____

____

____

____

____

____

Achtsamkeitsbasierte Empfehlung

Ich habe gehört, dass du eine Party planst und alle aus unserer Runde eingeladen hast. Ich habe noch keine Einladung bekommen. Wie kommt das? Falls es einen konkreten Grund dafür gibt, würde ich mich freuen, offen darüber zu reden.

∞

Szenario 3 – Moralische Forderungen alter Eltern ablehnen

Du hast ein ziemlich schwieriges Verhältnis zu deiner inzwischen alten Mutter. Als Kind und auch als Jugendlicher hättest du dir mehr Nähe und emotionale Präsenz von ihr gewünscht. Besonders in letzter Zeit werden ihre Listen mit Dingen, die du für sie erledigen sollst, immer länger, dein Leben ist durch ihre zunehmenden Forderungen inzwischen sehr stark eingeschränkt. Du versuchst, ihr Grenzen zu setzen und sie droht dir moralisierend, dass sich das für einen guten Sohn so gehört.

Unachtsame Reaktion

Ich kriege das zeitlich nicht hin. Warum fragst du nicht XY? Immer willst du was von mir und kommst mir dann noch damit, dass ich nicht genug für dich tue. Dabei warst du nie für mich da!

Deine achtsame Umformulierung

Achtsamkeitsbasierte Empfehlung

Du hast in deinem Leben deine eigenen Entscheidungen getroffen, und das darf und werde ich auch tun. Ich unterstütze dich gerne – soweit es mir möglich ist und ich es für angemessen halte. Dabei lasse ich mich von meinen eigenen Überzeugungen leiten, was einen guten Sohn ausmacht. Innerhalb dieses Rahmens freue ich mich darauf, wertvolle gemeinsame Zeit mit dir zu verbringen.

Szenario 4 – Wunsch nach mehr Rückhalt in der Partnerschaft

In der Familie / im Freundeskreis gab es einen Streit. Du bist enttäuscht von deinem Partner, der dich deiner Meinung nach argumentativ nicht ausreichend unterstützt hat. In vergleichbaren Situationen stärkst du ihm in der Regel den Rücken.

Unachtsame Reaktion

Das war echt mies von dir. Wie immer hast du mich auflaufen lassen und ich stand ganz allein da. Du bist ein Feigling und kein Mann, der seine Frau beschützt! In solchen Situationen ist nichts mit dir anzufangen. Sei mal ein echter Mann!

Deine achtsame Umformulierung

____

____

____

____

____

____

Achtsamkeitsbasierte Empfehlung

Gestern, als wir bei XY waren und es zum Streit kam, habe ich mich wie nackt unter Wölfen und sehr verletzlich gefühlt. Besonders in solchen Momenten würde ich mir wünschen, dich stärkend an meiner Seite zu wissen, weil du der wichtigste Mensch in meinem Leben bist!

∞

Szenario 5 – Geschwisterstreit

Du streitest dich mit deinem Bruder darüber, wer welche Aufgaben übernimmt. Die Situation eskaliert und dein Bruder sagt, er werde zukünftig gar nichts mehr machen und dir auch nicht bei deinem anstehenden Umzug helfen.

Unachtsame Reaktion

Warum bist du so ein mieser Bruder? Immer war ich für dich da, aber wenn ich dich einmal brauche, lässt du mich im Regen stehen. Solange wir beide leben, habe ich immer mehr übernommen als du, und nie warst du für mich da, wenn ich dich gebraucht habe. Warte nur ab, irgendwann wirst du mich brauchen und dann lasse ich dich eiskalt hängen!

Deine achtsame Umformulierung

Achtsamkeitsbasierte Empfehlung

Du und ich, wir sind Brüder. Wir sind aus einem Holz geschnitzt und teilen viele Gene. Wir gehören zu ein und derselben Familie. Egal, was in der Vergangenheit gewesen sein mag – ich wünsche mir, dass ich jetzt auf dich zählen kann, auf dich, meinen Bruder. Es wird sicher Situationen geben, wo du dir etwas von mir wünschen wirst, und dann kannst du ebenso auf mich zählen.

∞

Szenario 6 – Verliebt sein mit ungewisser Perspektive

Du bist verliebt, weißt aber nicht, ob die andere Person ebenfalls in dich verliebt ist oder nur Freundschaft will. Du möchtest das unbedingt herausfinden, jedoch nicht die Freundschaft riskieren.

Unachtsame Reaktion

Warum bist du eigentlich immer so zurückhaltend? Man könnte ja auch mal ausprobieren, wie es eigentlich wäre, wenn wir nicht nur Freunde wären. Oder ist das vielleicht keine gute Idee?

Deine achtsame Umformulierung

____

____

____

____

____

____

Achtsamkeitsbasierte Empfehlung

Unsere Verbindung ist mir äußerst wichtig und ich schätze dich als Mensch wirklich sehr. Ich könnte mir gut vorstellen, dass wir mehr als Freunde füreinander sind und darüber hinaus auch romantisch zueinander finden. Wie fühlst du?

Szenario 7 – Mutmacher für Kinder

Du bist Vater / Mutter eines selbstunsicheren Kindes, das nicht an sich glaubt und die eigenen Fähigkeiten infrage stellt. Du möchtest deinem Kind Mut machen und ihm Selbstvertrauen schenken.

Unachtsame Reaktion

Eigentlich ist das gar nicht so schlimm. Sei einfach keine Memme, und wenn du hinfällst, stehst du eben wieder auf! Wenn du das jetzt nicht lernst, wirst du später große Probleme in allen Bereichen des Lebens haben. Da musst du dich jetzt durchkämpfen. Ich meine es ja nur gut mit dir!

Deine achtsame Umformulierung

____

____

____

____

____

____

Achtsamkeitsbasierte Empfehlung

Ich stecke nicht in deiner Haut und doch kann ich nachempfinden, wie herausfordernd dir das Leben gerade erscheint. Egal, was passiert, egal, was du erleben wirst: Ich bin an deiner Seite. Du darfst an dich glauben, denn ich glaube an dich und gemeinsam werden wir Lösungen finden. Viele Menschen, die als Kinder große Herausforderungen zu bewältigen hatten, sind gerade dadurch zu selbstsicheren Erwachsenen geworden.

∞

6. Die Prinzipien und neuen Reaktionsmuster in Ausnahmesituationen anwenden

Die Prinzipien aus Kapitel 4 sind dein Handwerkszeug. Wenn du sie, wie in Kapitel 5 gezeigt, eingeübt und dann in realen Alltagssituationen angewendet hast, fühlst du dich vielleicht sicher genug, dich aktiv der Herausforderung moderater Ausnahmesituationen zuzuwenden.

Wie übst du Achtsamkeit in Ausnahmesituationen? Du achtest darauf, was du sagst und wie du mit anderen sprichst. Gleichzeitig achtest du introspektiv darauf, welche „Knöpfe" bei dir automatisiert „gedrückt" werden. Du achtest wohlwollend auf dich selbst und sorgst dafür, dass du weder von anderen manipuliert noch von einem inneren Negativdiskurs verletzt oder verletzend gesteuert wirst.

Wie übst du am besten? Plane solche Übungssituationen, um dich zumindest etwas darauf vorbereiten zu können. Es wird noch ausreichend Situationen geben, die so spontan entstehen, dass du keine Gelegenheit haben wirst, um deine Reaktionen vorher zu durchdenken. Erlaube dir deshalb vorab diesen Zwischenschritt – zumindest teils – planbarer Situationen. Nimm dir drei unterschiedliche Situationen vor und verteile sie optimalerweise auf mehrere Tage. Das hilft dir, das konstruktive Lernen wohlwollend zu portionieren.

Übungssituation 1: Selbstsicher in der Sache und achtsam im Ton *Nein* sagen

Schritt 1: Mach einen Termin mit einem Profiverkäufer, egal, ob für Versicherungen, Finanzdienstleitungen oder sonstigen Dienstleistungen. Recherchiere vorher über Firmen und auch über einzelne Verkäufer. Wenn du herausfindest, dass eine Firma ihre Verkäufer intensiv schult und dass diese gezielt psychologischen Tricks nutzen, hauptsächlich ihre Provision im Blick haben und weniger eine wohlwollende Beratung ihrer Kunden – dann mach genau mit so jemandem deinen Termin. Wenn du im Internet recherchierst, wirst du entsprechende Firmen finden. Am besten für diese Übung geeignet sind sogenannte Wadenbeißer-Persönlichkeiten, die dir unbedingt etwas verkaufen möchten und nicht lockerlassen.

Schritt 2: Versichere dich vor dem Termin, dass die Erstberatung kostenlos und unverbindlich ist. Wenn du magst, kannst du jemanden mit dazu nehmen, der eingeweiht ist, dir die gesamte Kommunikation überlässt und hinterher ehrliches, konstruktives Feedback geben kann.

Schritt 3: Lass dir das Produkt ausführlich erklären. Dann bedanke dich für die Informationen und lehne selbstsicher ab, einen Vertrag zu schließen oder irgendetwas zu unterzeichnen. Wie du dein persönliches *Nein* formulierst, bleibt dir überlassen. Sorge dafür, dass es freundlich und zugleich eindeutig ist. Rede nicht um „den heißen Brei" herum, rechtfertige oder erkläre auch nicht deine Entscheidung.

Eine mögliche Nein-Variante: *Ich bedanke mich für das Angebot und die Erläuterungen. Aktuell kommt das nicht für mich infrage. Sollte sich etwas daran ändern, werde ich mich gern bei* ***Ihnen*** *melden.*

Akzeptiert der Verkäufer dein *Nein* nicht, wiederhole deinen Satz gebetsmühlenartig und bleibe bei deiner Position, ohne dich zu erklären oder zu entschuldigen. Alles, was du zu sagen hattest, hast du gesagt!

∞

Übungssituation 2: Kritik konstruktiv und ohne Schuldzuweisungen äußern

Schritt 1: Wähle eine Situation aus, um konstruktiv Kritik zu üben. Das kann eine vergangene, bereits abgeschlossene Situation sein, die du erneut aufrollst, um sie ordentlich abzurunden. Es kann auch eine aktuelle Situation sein. Dann achte darauf, dass sie vom Belastungsgrad eher im moderaten Mittelfeld liegt.[6]

Schritt 2: Verabrede dich mit der Person, die Adressat deiner Kritik sein soll. Du kannst die Kritik auch schriftlich äußern, in einem Brief oder einer E-Mail.

Schritt 3: Egal ob mündlich oder schriftlich: Überlege dir genau, was du zu sagen hast. Formuliere deine Kritik konkret und spezifisch. Überprüfe, bevor deine Äußerungen den Empfänger erreichen, ob das Vokabular neutral und positiv ist.

Überprüfe alle Statements, die zu deiner konstruktiven Kritikliste gehören, darauf, ob sie die Prinzipien und Strategien achtsamer Sprache erfüllen. Wenn nicht, verändere sie dahingehend und mach dir bewusst, welche alten, unachtsamen Kommuni-

---

6 Stell dir eine Skala von 0 bis 10 vor. 0 steht für „überhaupt nicht belastend", 10 steht für „extrem belastend". Eine moderate Situation würdest du auf dieser Skala zwischen 4 und maximal 6 einordnen.

kationsmuster sich möglicherweise eingeschlichen haben! Das hilft dir, sie zukünftig leichter aufzuspüren. Werde zu deinem eigenen Detektiv für unachtsame Sprache, indem du alte Muster detektierst und durch achtsame Sprachprinzipien ersetzt. Dabei kann es natürlich sein, dass du inzwischen bereits so viele Prinzipien beherzigt hast, dass weniger oder keine Überbleibsel unachtsamer Sprache zu finden sind.

Formuliere bestenfalls mindestens fünf Kritikpunkte und versuche, möglichst viele Prinzipien und Strategien achtsamer Sprache mit einzuweben, sodass du mehr als eine Technik für dich verinnerlichst.

Ein Beispiel

Du schreibst einer Freundin, die dich sehr enttäuscht hat und die du deshalb bis jetzt gemieden hast. So könnten die fünf Statements lauten:

Guten Abend, XY,
gern möchte ich noch einmal und abschließend auf die Situation ABC zurückkommen. Ich war damals in einer besonderen Ausnahmesituation, in der unsere Freundschaft mein Anker hätte sein können.

1. Ich hätte mir von dir gewünscht, dass du mir in dem Moment aktiv zuhörst und thematisch bei meinem Anliegen verweilst.
2. Es hätte mir mehr geholfen, wenn du neutral Empfehlungen ausgesprochen hättest, für oder gegen die ich mich hätte frei entscheiden können.
3. Unsere Freundschaft war für mich zum damaligen Zeitpunkt sehr eng und vertraut. Bei einer solchen Freundschaft ist mir wichtig, dass ich mich auf die andere verlassen und voll darauf zählen kann, dass das im Vertrauen Gesagte auch unter uns bleibt.
4. Gerade, weil mir unsere Verbindung so wichtig war, bin ich jetzt, wo ich es kann, ganz ehrlich zu dir und sage, wie ich uns beide damals erlebt habe.
5. Für mich ist im Moment noch offen, wie es mit unserer Freundschaft weitergeht. Bitte lass mich verstehen, weshalb du damals, als du etwas über meine persönliche Zwickmühle weitererzähltest, entgegen unserer freundschaftlichen Vereinbarung gehandelt hast.

Wenn du magst, antworte mir gern. Wenn nicht: Mit diesem Brief habe ich für mich einen ehrlichen Abschluss gefunden. Ich wünsche dir, dass du hieraus eine nützliche Erkenntnis für dein eigenes Leben gewinnen kannst.

Mit wohlwollenden Grüßen

∞

Übungssituation 3: In Ausnahmesituationen das innere Narrativ positiv verändern

Die wohl intensivste Herausforderung ist die, das eigene innere Narrativ, die eigene innere Stimme zu erkennen und positiv zu verändern. Um hier eine Übungssituation herzustellen, brauchst du einen Ort, der mit einem negativen inneren Dialog verbunden ist. Vielleicht hattest du dort angstbesetzte Gedanken, hast an dir gezweifelt oder es haben depressive Spiralen dein Denken bestimmt.

Schritt 1: Wenn dieser Ort objektiv sicher ist, suche ihn auf. Alternativ kannst du an eine Situation denken, in der du negativ in Bezug auf dich selbst gedacht und gefühlt hast und diese Situation in allen Einzelheiten wieder aufrufen. Fotos oder Detailerinnerungen werden dir helfen, den inneren Negativdialog von damals zu reaktivieren. Rufe dir in Erinnerung: Wo genau warst du? Wann war das? Wie sah es dort aus? Wie roch es, welche Geräusche waren zu hören? Usw.

Am effektivsten ist es, wenn du eine reale Herausforderung suchst, von der du weißt, dass sie in der Vergangenheit wiederholt denselben inneren Negativdialog in dir ausgelöst hat. Wenn eine solche Herausforderung gerade in deinem Leben zu bewältigen ist, nutze sie anstatt einer früheren. Du kannst auch mit einer früheren Herausforderung beginnen und diese Übung danach mit einer realen Akutsituation wiederholen. Das nennt man in der Fachsprache gestufte Exposition. Du stellst dich erst einer vergangenen Herausforderung, deren Schweregrad geringer ist, weil sie aufgrund der vergangenen Zeit bereits an Schwere verloren hat und konfrontierst dich danach mit einer unmittelbareren Situation, die einen negativen inneren Dialog auslöst.

Sobald sich das Gedanken- und Gefühlskarussell wie gewohnt in Gang setzt, schreibe oder spreche auf, welchen inneren Dialog du führst. Mach deine Gedanken sichtbar. Eine Seite voller Gedanken oder eine Tonaufnahme von fünf Minuten mag schon ausreichen.

Schritt 2: Überprüfe die Gedanken darauf, ob sie wahr sind. Schau, ob sie hilfreich sind, und vergewissere dich, dass sie dir und anderen gegenüber wohlwollend sind. Wenn nicht, verändere sie! Wenn du z. B. Absolutismen und negative Prophezeiungen entdeckst, formuliere sie konstruktiv um. Schau, ob Varianten des Verbs *sein* darin versteckt sind.

Schritt 3: Gehe die 7 Prinzipien und die 7 Strategien achtsamer Sprache durch und filtere deinen inneren Dialog entsprechend. Stell dir vor, du korrigierst wie ein Lehrer einen Text auf Fehler in der Wortwahl und Grammatik. Doch du greifst nicht zum dicken Rotstift, um hinterher Fehler zu addieren und dich in ein numerisches Notensystem einzuordnen. Du wählst einen grünen Stift, um Unachtsames positiv umzuformulieren. Jede Umformulierung, die du findest, ist wertvoll und damit Zeichen eines heilsamen Veränderungsprozesses.

Ein Beispiel

Immer passiert es mir, dass ich mich auf die falschen Partner einlasse. Es ist meine eigene Schuld! Wie blöd muss man sein! Warum nur? Nie lerne ich aus meinen Fehlern. Ich kann mir selbst nicht vertrauen. Bin ich überhaupt vertrauenswürdig? Ich bin schwach und nutzlos. Nie werde ich das in den Griff bekommen, deshalb wird mein Leben immer ein absolutes Desaster sein. Das war früher exakt so und das beweist, dass es immer so sein wird. Mich wollen nur Partner, mit denen irgendwas nicht stimmt. Die anderen finden mich unattraktiv, denn ich bin hässlich und nicht selbstbewusst. Da habe ich nie eine Chance. Aber wenn ich nur immer die Falschen bekomme und dann verletzt werde, bleibt mir nur, entweder einsam und allein dahinzuvegetieren oder unglücklich und verletzt die Opferrolle in ungesunden Beziehungen zu ertragen!

Jetzt folgt für dieses Beispiel die Grünstift-Korrektur „Unachtsame Sprache erkennen und achtsam übersetzen“:

Immer passiert es mir, dass ich mich auf die **falschen** Partner einlasse.

- Nutzung des Absolutismus: *immer*
- Nutzung einer unkonkreten, nicht spezifizierten Negativkategorie: *falsch*

Achtsame Übersetzung:

In der Vergangenheit habe ich mich mehrmals für Beziehungen entschieden, die sich als unpassend herausgestellt haben. Wie kann ich zukünftig einen passenderen Partner finden? Wie kam es in der Vergangenheit zu den Beziehungen? Habe ich selbst gesucht oder wurde ich ausgesucht? Wie kann ich konstruktiv aus dieser Einsicht für die Zukunft lernen?

Es ist **meine eigene Schuld**!

- Nutzung des moralisch und juristisch negativ belegten Begriffs *Schuld,* der von einem Vorsatz ausgeht.
- Negative Doppelverstärkung: *meine* und *eigene.* Das Scheitern rechnet die Person komplett sich selbst zu, so als habe es in der Beziehung nur einen Beteiligten gegeben.

Achtsame Übersetzung:

Ich möchte herausfinden, welchen Anteil hieran ich habe, um zukünftig anders handeln und sinnvoll entscheiden zu können.

∞

Wie **blöd muss man sein**! **Warum** nur?

- Nutzung des Rechtfertigungstriggerworts *warum*
- Nutzung des Verpflichtungsworts *muss*
- Nutzung des Verallgemeinerungsworts *man*
- Nutzung des abwertenden Adjektivs *blöd*
- Nutzung des identitätsbedrohenden Verbs *sein* in negativem Kontext

Achtsame Übersetzung:

Ich möchte zukünftig umsichtiger und weiser entscheiden, um mit mir selbst im Reinen zu sein.

∞

Nie lerne ich aus meinen **Fehlern**!

- Nutzung des Hoffnungskillers *nie*
- Bewertung allen vergangenen Verhaltens als *Fehler*

Achtsame Übersetzung:

Ich habe erkannt, dass ich in der Vergangenheit meist denselben Mustern gefolgt bin. Diese Erkenntnis wird mir helfen zu unterscheiden, wann ich eine konstruktive und wann ich eine anders geartete Wahl treffe. Losgelöst von alten Mustern kann ich mich für sinnvollere Wege entscheiden.

∞

Ich kann mir selbst **nicht** vertrauen. **Bin** ich überhaupt vertrauens**würdig**?

- Negativevaluation mit *sein*
- Negation *nicht*
- Angriff auf die eigene *Würde*

Achtsame Übersetzung:

Ich möchte mir sicherer im Hinblick auf meine eigenen Entscheidungen und Verhaltensweisen sein und ich möchte mir selbst vertrauen können.

∞

Ich **bin schwach** und **nutzlos**!

- Generalabwertung des gesamten *Seins* mit negativ besetzten Adjektiven

Achtsame Übersetzung:

In der Vergangenheit hätte ich mir in vielen Lebenssituationen mehr innere Stärke und ein Gefühl von mehr Selbsteffektivität gewünscht.

∞

Nie werde ich das in den Griff bekommen, **deshalb** wird mein Leben **immer** ein **absolutes Desaster** sein.

- Verwendung des Absolutismus *nie* und eine damit verbundene negative, sich selbst erfüllende Prophezeiung.
- Nutzung von *deshalb* führt zu kausaler Verkettung.
- *Immer* lässt keine Ausnahmen zu.
- Das Adjektiv *absolut* verstärkt den negativen Effekt und wirkt hoffnungstötend.
- *Desaster* ist ein Negativbegriff, der im Kontext verheerender Traumata benutzt wird, hier auf das eigene Sein bezogen.

Achtsame Übersetzung:

Ich hätte mir oft in meinem Leben mehr Kontrolle gewünscht. Ich möchte mich weiter entwickeln, um mein Leben proaktiv positiv zu verändern. Glücklicherweise liegt die Zukunft ja vor mir!

∞

Das war **früher exakt** so und das **beweist**, dass es **immer so sein wird**.

- *Früher* wird hier *beweisführend* zur Selbstverurteilung als „alter Spinat" aufgewärmt.
- *Exakt* verschärft, dass es keine alternative Beweisführung gibt und die Verurteilung sicher ist.
- Mit *immer so sein wird* besiegelt die Formulierung die Negativprognose für alle Zukunft.

Achtsame Übersetzung:

Ich erinnere mich an Situationen, die jetzt hinter mir liegen, und die meiner jetzigen Situation ähneln. Es könnte sich also um ein unbewusstes Muster handeln, aus dem ich jetzt aussteigen möchte, um in Zukunft neue Möglichkeiten zu nutzen.

∞

Mich wollen **nur** Partner, mit denen etwas **nicht stimmt**.

- Nutzung des einschränkenden *nur*
- Abwertung bisheriger Partner als Menschen, mit denen etwas *nicht stimmt*

Achtsame Übersetzung:

Bisher habe ich hauptsächlich Beziehungsangebote von Partnern bekommen, die aus Gründen, die ich nun gerne herausfinden möchte, weniger gut mit mir harmoniert haben als wohlmöglich unter anderen Bedingungen oder mit anderen Partnertypen.

∞

Die anderen finden mich **unattraktiv**, denn ich **bin hässlich** und **nicht selbstbewusst.**

- Die Adjektive *unattraktiv und hässlich* sowie die Negation *nicht selbstbewusst* werten die Person innerlich und äußerlich ab, sodass nichts Positives bleibt.
- *Nicht selbstbewusst* ist nicht passend. Es geht um Selbstsicherheit, nicht um mangelndes Bewusstsein.

Achtsame Übersetzung:

Ich vermute, dass ich auf manche weniger anziehend wirke als ich es mir wünschen würde. Diese Vermutung führt dazu, dass ich an meiner Attraktivität zweifele. Diese gedankliche Verknüpfung wird mir nun bewusst. Ich habe Selbstbewusstsein, da ich mir eigener Prozesse bewusst bin. Nun möchte ich auch mein Selbstwertgefühl und meine Selbstsicherheit stärken.

∞

Da habe ich **nie** eine Chance.

- Das *nie* in diesem Kontext vernichtet jede Hoffnung und die Bereitschaft, proaktiv weitere Versuche zu wagen.

Achtsame Übersetzung:
Aktuell schätze ich meine Chancen als begrenzt ein. Was kann ich zukünftig tun, um sie zu vergrößern?

∞

Aber wenn ich **nur immer die Falschen** bekomme und dann verletzt werde, bleibt mir nur, entweder einsam und allein dahinzu**vegetieren** oder **unglücklich** und **verletzt** die **Opferrolle** in **ungesunden** Beziehungen zu **ertragen**!

- Nutzung einer kausalen negativ prophezeienden Koppelung, eingeleitet durch *aber wenn*
- *Nur* in Kombination mit *immer*
- *Die Falschen* kategorisiert in Schwarz und Weiß, als ließen sich potenzielle Partner zwei festen Gruppen zuordnen.
- *Einsam* ist eine negative Wertung von Alleinsein.
- *Vegetieren* ist ein Wort, das eine Assoziationskette zu sinnlosem Dahinsiechen auslöst.
- *Unglücklich, verletzt, ertragen, ungesund* und *Opferrolle* sind in ihrer negativen Gesamtheit erschlagend.

Achtsame Übersetzung:
Zukünftig werde ich achtsamer sein bei der Partnerwahl. Ich möchte glückliche Beziehungen eingehen, mit Partnern, die zu mir passen. Gleichzeitig möchte ich lernen, Zeit, die ich mit mir selbst verbringe – Me-Time – wertzuschätzen. Ich werde lernen, mir selbst zu genügen, sodass mein Lebensglück unabhängig ist von anderen. Eine harmonische Beziehung wird somit zu einem wünschenswerten Lebensbonus anstatt zur alleinigen Lebensgrundlage.

Mein persönliches Beispiel

Meine Grünstift-Korrektur „Unachtsame Sprache erkennen und achtsam übersetzen“

7. Wie es gelingen kann, in emotionalen Erregungszuständen die Weichen umzustellen

Wenn dieses Buch eine Leiter ist, die von unachtsamer zu achtsamer Sprache führt, dann wirst du mit diesem Kapitel die Sprosse zum Profi-Level erklimmen.

Ich empfehle dir, zunächst intensiv mit eher belanglosen Alltagssituationen und dann im Kontext moderat belastender Ausnahmesituationen zu üben, bevor du dich den großen Herausforderungen emotionaler Erregungszustände widmest. Ein begleitendes Experten-Coaching kann hier eine sinnvolle Ergänzung sein. Dann hättest du eine neutrale Begleitperson, die dich professionell z. B. auf mögliche blinde Flecken hinweist, was es dir ermöglicht, besser zu reflektieren. Was die Situationen, mit denen wir uns gleich beschäftigen werden, so herausfordernd macht, sind die involvierten starken Gefühle, die den Automatismus von Denken, Fühlen, Handeln und Kommunizieren weiter intensivieren und beschleunigen. Es wird für dich herausfordernder werden, einen sachlich-neutralen Abstand zu wahren und dich an die Prinzipien und Strategien achtsamer Sprache zu halten, denn Gefühle könnten dich leicht in automatisierte Reaktionsmuster „entführen“.

Wann kommt es zu starken Erregungszuständen – bei dir und bei deinen Kommunikationspartnern? Das passiert meistens dann, wenn ein Gesprächsthema besonders persönlich oder für mindestens einen von euch bedeutsam ist. Oder wenn die Beziehung eine hohe Bedeutung hat und der Selbstwert auf dem Spiel steht. Je emotionalisierter und persönlicher sich eine Kommunikation entwickelt, desto schneller und stärker werden Kommunikatoren in den automatisierten Sog alter Reaktionsmuster hineingezogen. Sachliche Neutralität ist dann kaum mehr möglich, denn es geht nicht mehr um Fakten; der Fokus liegt auch nicht mehr auf Lösungen und dem Tun, sondern es geht um persönliche Angriffe: Der Fokus liegt auf dem Konflikt und der Vernichtung auf der Sein-Ebene.

Der Konfliktforscher Friedrich Glasl (2023) nennt die oberste Stufe einer solchen Eskalation *Gemeinsam in den Abgrund*. Die Konfliktparteien nehmen sogar den eignen Untergang billigend in Kauf, um den anderen zu zerstören – ein Zerstörungswille um jeden Preis. Hierzu gehört beispielsweise auch der erweiterte Suizid. Bevor Menschen Selbstmord begehen, töten sie erst andere, z. B. Personen, mit denen sie in heillose Konflikte verstrickt sind. Mit ihrer Selbsttötung behalten sie bis zuletzt das

Geschehen und das eigene Schicksal unter Kontrolle. Sie können nicht mehr inhaftiert oder von anderen erschossen werden.

Am besten meidest du erhöhte Konfliktstufen und lässt es nicht so weit kommen, denn ab einer bestimmten Eskalation wird nur noch emotionalisiert „entschieden". Dafür ist es wichtig, dass du deine persönlichen Triggerpunkte kennst oder kennenlernst – also die Punkte, die dich durch die Decke gehen lassen oder an den Abgrund führen. Stell dir vor, du wanderst an einer Küste mit hohen Klippen. Würdest du nah am Abgrund entlanggehen? Wohl eher nicht. Die meisten Menschen jedenfalls würden stets einen gesunden Abstand halten. Deswegen wahre auch du bei emotionalen Abgründen genügend Sicherheitsabstand.

In manchen Extremsituationen stehst du jedoch, ehe du dich versiehst, an der Klippe und blickst in den Abgrund. Der Weg dorthin ist dann so kurz, dass du nichts mehr abwenden kannst. Für solche Situationen ist der folgende Selbsthilfeleitfaden gedacht.

∞

Step 1: Vertagen

Reflektiere: Wenn du jetzt in der Situation bleibst – wie hoch ist die Wahrscheinlichkeit, dass sich noch eine Lösung findet? Wenn du das als eher gering einschätzt, kannst du jetzt noch gehen. Verlasse die Situation und verschiebe die Thematik auf einen anderen Ort, einen neuen Zeitpunkt und zu anderen Bedingungen. So hast du die Chance, dich auf das neue Treffen angemessen vorzubereiten. Nehmen wir an, es droht ein Streit: *„Wir können diese Themen gern gemeinsam klären, morgen um diese Zeit im Cafe X."* Dann geh und lass dich nicht ködern, wieder in das Thema einzusteigen und dich damit an Ort und Stelle in einen Disput verwickeln zu lassen.

Wenn Vertagen nicht möglich ist, etwa weil du der verantwortliche Gesprächsführer bist und die Diskussion im Arbeitssetting stattfindet oder – ganz extrem – weil dein Herausforderer mit einer Waffe auf dich zielt, nutze Step 2.

∞

Step 2: Innehalten, atmen, Achtsamkeit üben

Mach dir in der Akutsituation ganz schnell bewusst, wo du dich emotional befindest, und dann erde dich. Wie kannst du dich erden? Zum Beispiel mithilfe des Drei-Minuten-Atemraums. Hier ist unabdingbar, dass du ihn regelmäßig übst, denn nur dann ist er schnell – in einer Extremsituation – zugänglich. In Extremsituationen hast du oft gar keine drei Minuten, manchmal nur wenige Augenblicke. Als geübter Nutzer ist dir der Drei-Minuten-Atemraum jedoch auch im Zeitraffertempo zugänglich.

Drei-Minuten-Atemraum:

Wenn möglich, nimm eine aufrechte Körperhaltung ein und schließe deine Augen.

1. Minute: Nimm alle Gedanken, Gefühle und Körperempfindungen wahr.
2. Minute: Spüre den Atem und ruhe dann mittels des Atems im gegenwärtigen Augenblick.
3. Minute: Nimm den Körper als Ganzes wahr und dehne den Atemraum imaginativ aus, beziehe den ganzen Körper ein.

Mithilfe des Atemraums kannst du dir schnell aller Prozesse gewahr werden, die aktuell bei dir ablaufen. Allein dadurch hast du einen inneren Abstand hergestellt, denn du wechselst zwischen Außenperspektive – du beobachtest dich selbst – und deine Atemwahrnehmung. Damit hast du eine gewisse Kontrolle, was dich möglicherweise vor Symptomen wie Schock oder Dissoziation bewahrt, die für Extremsituationen typisch sind. Du kannst klarer denken und bleibst handlungsfähig.

Wenn du in der dritten Minute den Atemraum ausdehnst, tritt eine physiologische Beruhigung ein. Mit der Weitung des Atemraums weitet sich gefühlt auch der Atemraum im Brust- und Bauchbereich. Dem Gehirn wird rückgemeldet, dass keine Extremgefahr besteht und so wird Folgen wie *Freezezuständen* (einfrieren ohne handeln oder sprechen zu können), die mit einer Verengung des Atemempfindens im Brustraum einhergehen, vorgebeugt.

Du kannst alternativ auch ganz einfache Achtsamkeitstechniken anwenden: Erspüre z. B. schnell deine Empfindungen auf allen Sinnesebenen, ohne diese zu bewerten. Erspüre, wie deine Fußsohlen auf dem Boden stehen, wie dein Körper die Sitzfläche oder Lehne eines Stuhls berührt. Höre die Geräusche und Stimmen im Raum. Nimm die statischen Dinge und alle Bewegungen, z. B. mit ihren Farben in deinem Sichtfeld, wahr. Achte auch auf alle Gerüche, ohne sie als angenehm oder unangenehm zu kategorisieren. Nimm deine gesamte Umgebung neutral und objektiv wahr, so, als seist du z. B. eine Kamera oder ein anderes technisches Gerät, das Dinge kommentarlos registriert. Wie schmeckt die Luft auf deiner Zunge oder wie ist der Nachgeschmack deines Essens, den du jetzt noch wahrnehmen kannst? Für diesen Scan auf allen Sinnesebenen hast du in Extremsituationen ebenfalls sehr wenig Zeit. Übe deshalb regelmäßig in Normalsituationen. Als Neuling auf dem Gebiet der Achtsamkeit beginne beispielsweise mit der Gartenwahrnehmung aus *Lebe Anders!* (siehe Sohr & Wilms 2023, S. 80 ff.).

Sobald du dich geerdet hast und dir deiner aktuellen psychischen Prozesse gewahr bist, mach weiter mit Step 3.

∞

Step 3: Analysieren

Erkenne, was jetzt Fakt ist und welche Lösungsoptionen es gibt, um bedrohliche Konfliktsituation kommunikativ zu beenden. Analysiere dabei schnell und sachlich, in welcher emotionalen Erregungsstufe sich dein angreifendes Gegenüber befindet, und egal, wie wild er auch schreien oder wie hektisch er gestikulieren mag: Begreife ihn als deinen Kommunikationspartner und nicht als Kontrahenten. Nutze hierfür Step 4.

∞

Step 4: Paraphrasieren

In einer solchen Situation erweist es sich als besonders fatal, in unachtsame Sprache zurückzufallen, vielleicht noch gekoppelt mit implizit kritischen Befehlen wie: *„Jetzt reg dich doch nicht immer so auf. Du hast dich nicht im Griff! Du bist unausstehlich!“*

Unterlass bitte auch typische Aufforderungen und Instruktionen wie *„Jetzt beruhige dich erst einmal!“*, auch dann, wenn sie Elemente achtsamer Sprache enthalten. Du wirst gerade als Gegner wahrgenommen, der konfrontativ auf der anderen Seite steht. Jede Instruktion löst deshalb das genaue Gegenteil aus und wird als Provokation wahrgenommen. Der andere wird in einer Extremsituation ganz sicher nicht das tun, was der Gegner verlangt. Er wird gerade diesen Wunsch nicht erfüllen und versuchen, genau das Gegenteil dessen zu tun, was du von ihm möchtest.

Wie kannst du diese Gegnerschaft in Gemeinsamkeit umwandeln? Mit dem Wort *wir.* Damit begibst du dich auf die Seite deines Gegenübers und er kann so sein Bild von dir als Gegner nicht mehr aufrechterhalten. Hier ist nicht gemeint, dass du ihm Recht gibst. Spiegele – ohne zu übertreiben – seine Körpersprache. Spiegele das, was er sagt durch treffende Paraphrasen, die inhaltlich sehr nah an dem sind, was er kommuniziert.

Ein Beispiel:

Erregter Kommunikationspartner: *„Ich bin dermaßen sauer auf dich, ich könnte dich umbringen!"*

Paraphrase: *„Du fühlst dich gerade sehr, sehr wütend, so, als würdest du mich vernichten wollen."*

Zwar enthält die Paraphrase das extrem negative Wort *vernichten,* das an dieser Stelle jedoch angebracht ist, denn der Paraphrasierende möchte zeigen: *Ich verstehe, wie stark das negative Gefühl des anderen gerade ist.* Würdest du es abschwächen oder positivieren, könnte das den anderen eher provozieren, so, als ginge es darum, seine Gefühle zu bagatellisieren.

Achte darauf, dass du deine Paraphrase stimmlich neutral vorbringst. Vermeide jede Form eines *ironischen Untertons.* Paraphrasiere alles, was dein Kommunikationspartner sagt, ganz gleich, was es sein mag. Bei ihm entsteht hierdurch das Gefühl, dass er trotz aller Frustration gehört und verstanden wird, und das nimmt dem Konflikt deutlich Wind aus den Segeln.

Das ist einfach gesagt. Die Umsetzung ist natürlich eine große Herausforderung. Du legst deine eigenen Gefühle ausgerechnet dann beiseite und wechselst paradoxerweise auf die Seite des „Angreifers", wenn deine eigene Psyche stark damit beschäftigt ist, die extreme Angriffsbotschaft zu verdauen und sich verteidigen oder zurückschlagen möchte.

Manchmal ebben die Erregungswellen sehr schnell ab. In anderen Extremsituationen benötigst du sehr viele Paraphrasen, bis der andere realisiert, dass du seine aktuellen Gefühle wahrnimmst und verstehst, wobei – das sei noch einmal gesagt – Verstehen weder rechtfertigen noch tolerieren bedeutet.

Durch die spiegelnden Paraphrasen wird auch deinem Kommunikationspartner bewusst, was gerade in ihm vor sich geht, denn du hältst ihm ja wertfrei den Spiegel vor. Das wird ihm dabei helfen, aus der Erregung auszusteigen.

Erkennst du an Veränderungen in der Sprache, der Körpersprache und der Intonation, dass dein Kommunikationspartner sich beruhigt, versuche erneut, die Fortsetzung des Gesprächs zu vertagen oder an einen anderen Ort zu verlegen. Nutze dafür die Wir-Form, denn damit baust du dem anderen eine Brücke:

„Wir haben ja viele wichtige Dinge zu besprechen, die mit starken Emotionen verbunden sind. Was meinst du, wann und wo, wollen wir das gemeinsam weiter besprechen?“

Es ist nicht sinnvoll, das Gespräch hier und jetzt weiterzuführen. Es wurden gerade viele Emotionen aktiviert, die gedächtnispsychologisch mit dieser Situation und diesem Ort zusammenhängen. Schon das kleinste Wort kann die gesamte Erregungsreaktion reaktivieren.

Führe das Gespräch also zu einem späteren Zeitpunkt fort und wechsele nach Möglichkeit alle Modi. Ist es unabdingbar, dass ihr euch in einem Raum aufhaltet und einander gegenübersitzt? Wie wäre es, an der frischen Luft nebeneinander herzugehen? Dann würden sich alle Kontextvariablen, also alles, was dein Kommunikationspartner sieht, hört, riecht, schmeckt und spürt, von der vorherigen Extremsituation unterscheiden. Auch die Psyche kann dann aus dem Rausch vorheriger Extremgefühle „erwachen“, weil der neue Kontext an andere Gedanken und Gefühle gekoppelt ist und damit die Weichen umgestellt sind.

Merke!

Örtliche Koppelungen führen übrigens auch dazu, dass Paare, die im Bett ihre Konflikte austragen und Streitthemen diskutieren, damit ihr eigenes Sexualleben abtöten. Die unbewussten Erinnerungen daran, einhergehend mit den negativen Gefühlen, sind der ultimative Lustkiller!

Vielleicht möchtet ihr, während ihr geht und redet, etwas essen. Sich Essen zu teilen, hat eine sehr einigende Qualität, und der Hauptnutzen des Essens während eines brisanten Gesprächs ist der, dass dem Gehirn rückgekoppelt wird: Es liegt keine Bedrohungssituation vor. Bei Bedrohung nimmt der Körper keine Nahrung auf. Ganz im Gegenteil: Wir verlieren jeden Appetit. Der Magen ist wie zugeschnürt, weil der Körper keine Energie auf die Verdauung verwenden darf und bei Gefahr physiologisch bereit sein muss, leichtfüßig zu kämpfen oder zu flüchten. Beides wird durch einen vollen Magen erschwert.

Du trickst also eure Körper aus, indem ihr irgendeine Kleinigkeit kaut und eure Gehirne melden zurück: Das Thema ist brisant, aber es liegt keine Extremsituation vor. Deshalb wird bei euch beiden keine extreme Erregungsreaktion ausgelöst. Es ist so, als würde das Gehirn melden: *„Keine Alarmbereitschaft nötig, denn mein Körper isst noch!“*

Manchmal tritt auch keine Beruhigung ein. Das kann z. B. daran liegen, dass dein Gegenüber nicht allein ist, sondern Teil einer Gruppe, deren Mitglieder einander anstacheln und hochschaukeln. Du wirst es kaum schaffen, zeitgleich die Äußerungen aller Gruppenmitglieder zu paraphrasieren und damit alle Anwesenden zu befrieden. In dem Fall konzentriere dich auf den Redeführer der Gruppe und mach weiter mit Step 5.

Step 5: Paradox intervenieren

Jetzt gilt es, deine Intuition zu nutzen sowie alles, was du über die Persönlichkeit und Befindlichkeit deines Kommunikationspartners weißt. Wenn dir klar ist, was ihn aktuell am meisten trifft, was er am dringendsten braucht oder was seine ursprüngliche Motivation ist, kannst du deinen nächsten Schritt genau hierauf ausrichten. Und der besteht darin, dass du eine paradoxe Intervention nutzt. Was bedeutet das? Du sagst oder tust etwas, das für die andere Person verwirrend ist und das sie niemals erwarten würde. Sie kommt so völlig aus dem Konzept und „wacht auf“. So lange deine Reaktionen für deinen Kommunikationspartner vorhersehbar sind, bleibt ihr beharrlich auf der Destruktionsschiene, die direkt in den Abgrund führt:

Beispiel 1: Streitsituation mit emotional nahestehender Person

Nehmen wir an, du hast einen heftigen Streit mit deinem Partner und er schreit dich an: *„Ich hasse dich. Hau ab!“* Es ist gut möglich, dass eine Person, die so reagiert, sich damit selbst verletzt. Vielleicht wünscht sie sich gar nicht die wörtlich geäußerte Distanz, sondern mehr Liebe und Nähe. Das ist jetzt eine reine Hypothese, die du dennoch in Erwägung ziehen könntest. Anstatt ins selbe Horn zu stoßen *(„Dann hau du doch ab!“)* oder wegzugehen, könntest du paradoxerweise Nähe anbieten. Du könntest die Hand des anderen halten oder ihn haltgebend in die Arme nehmen und einfach einen festen Rahmen offerieren. Einer Hassbotschaft begegnest du so mit Liebe und Nähe.

Merke!

Alle Handlungen, die als körperlich übergriffig wahrgenommen werden, verschlimmern die Situation. Nicht deine Intention ist maßgeblich, sondern die Wahrnehmung des Empfängers. Nehmen wir an, du greifst aktiv nach der Hand der anderen Person oder hältst den gesamten Körper fest, kann es zu Gegenreaktionen kommen. Sie könnte dein Vorgehen als körperlichen Angriff fehlinterpretieren und schlagen. Das kann besonders dann passieren, wenn es bei der anderen Person lebensgeschichtliche Vortraumatisierungen aufgrund physischer oder sexueller Übergriffe gibt. Berührungen können dann leicht zum Trigger werden und die Person körperliche Übergriffe wiedererleben lassen.

Biete stattdessen deine offene Hand (mit der Handinnenfläche nach oben zeigend) an oder strecke beide Arme aus, als Einladung zu einer Umarmung. Überlasse es in jedem Fall der anderen Person, den letzten Schritt zu machen und dein Angebot anzunehmen. Reagiert die Person nicht sofort, ist das okay. Es kann bedeuten, dass sie Zeit benötigt, um sich hierauf einzulassen. Wenn du es mit jemandem zu tun hast, der sich schnell körperlich bedroht fühlt, kannst du beim Hinhalten deiner Hand auch leicht in die Knie gehen. Dann bist du kleiner und die andere Person fühlt sich sicherer.

Das Paradoxon besteht darin, dass du liebevolle Nähe anbietest, wenn dir gerade verbal Hass und Distanz entgegengeschleudert werden. Das erinnert ein wenig an das Bibelgleichnis, nach einem Schlag ins Gesicht auch die andere Wange hinzuhalten. Wichtig ist jedoch, dass du dich bei aller wohlwollenden Achtsamkeit nicht schlagen lässt, sondern auch Grenzen setzt. Du hast das Recht und die Pflicht dir selbst gegenüber, dich zu schützen. Liebevolle Nähe anzubieten, wenn distanzierender Hass gesät wurde, ist eine Methode, dich nicht von der negativen Energie treffen zu lassen, sondern sie ins Leere laufen zu lassen. Und das ist der Unterschied zum Bibelgleichnis.

∞

Beispiel 2: Persönlicher Angriff vor Publikum

Wenn du beruflich häufig Gruppensituationen ausgesetzt bist, die schnell eine Eigendynamik entwickeln – für oder gegen dich –, wirst du früher oder später Erfahrungen mit Extremsituationen machen. Besonders heikel wird es, wenn dir jemand deine Position neidet oder aktiv an deinem Stuhl sägt.

Einem meiner Coachees stand eine Versammlung bevor, in der er als Vorsitzender zur Wiederwahl stand. Er wusste, dass er dort auf einen Gegenkandidaten treffen würde, der schon im Vorfeld sehr aktiv gewesen war und der vorhatte, meinen Coachee auf der Versammlung vor seinen Wählern zu diffamieren und persönlich zu attackieren. Wir analysierten, welche Reaktion der Angreifer von meinem Coachee erwartete und was seine Kernmotivation war. Dann besprachen wir mögliche paradoxe Reaktionen.

Erwartungsgemäß wurde mein Coachee unmittelbar vor der Wahl mit persönlichen Angriffen übersät, die allesamt unhaltbar und zutiefst ungerecht waren. Normalerweise hätten sie ihn zu einer verzweifelten Gegenwehr provoziert und sein automatisiertes Reaktionsschema wäre gewesen, alles zu erklären und zu rechtfertigen, um sich selbst vor der Menge zu „rehabilitieren". Doch es gab diesmal zu viele Vorwürfe für dieses Vorgehen, die bumerangartig auf ihn zuschnellten wie scharfe Messer. Die Versammlung war sehr gut besucht und als Vorsitzender hatte mein Coachee die Verantwortung, die Wahl jetzt zu ermöglichen; eine Vertagung war nicht möglich. Er hätte selbst einen Rückzieher machen und dem anderen das Feld überlassen können.

Stattdessen sagte er einen einzigen Satz, der alle Diskussionen beendete. Danach wurde er mit überwältigender Mehrheit wiedergewählt. Und was sagte er?

„Lieber XY! Die Mühe und die Zeit, die du investiert hast, um all diese Dinge jetzt und hier vorzubringen, zeigen mir, wie wichtig ich dir bin und welche große Bedeutung ich anscheinend für dich habe. Das war mir bisher gar nicht bewusst. Dafür möchte ich dir an dieser Stelle danken!"

Der Angreifer war durch diese unerwartete Wendung so getroffen, dass er seine Mimik nicht kontrollieren konnte und er verstummte. Ich kann mich an diesen Augenblick sehr gut erinnern, denn ich war dabei. Dieses sehr eindrückliche, von einer paradoxen Reaktion auf einen Angriff bewirkte Aha-Erlebnis werde ich nicht vergessen. Der Angreifer hatte seine Munition verschossen. Statt das Feuer zu erwidern, trat mein Coachee einen Schritt zur Seite und ließ den Großangriff einfach im Nichts verpuffen.

Die Schussmetapher führt uns zu unserem letzten Beispiel. Es geht um reale Bedrohungssituationen, z. B. mit einer Schusswaffe und Selbstmordtätern, die nichts zu verlieren haben, weil ihr eigener Tod bereits Teil ihrer geplanten Inszenierung ist.

∞

Beispiel 3: Angriff mit einer Waffe

Auch das folgende Szenario ließ sich nicht vertagen oder an einen anderen Ort verlagern. Bei einer Amoktat können die Betroffenen nicht vorher planen. Ihre einzige Chance ist die, in der Situation weise zu reagieren.

Als Traumatherapeutin habe ich sehr viele Überlebende von Gewalttaten in eine neue Zukunft begleitet und Bedrohungsmomente mit ihnen traumatologisch bewältigt. Deshalb sind mir solche Situationen bekannt. Als Rechtspsychologin kenne ich durch die Analyse von Täterverhalten das emotionale Rauscherleben von Tätern und bin überzeugt: Manche von ihnen könnte man aufwecken, um fatale Entwicklungen in einer akuten Bedrohungssituation zu vermeiden.

Merke!

Bist du in einer akuten Gefahrensituation, ist die erste und beste Option, wegzulaufen! Die hier geschilderte Intervention beschreibt einen Versuch für Situationen, in denen Weglaufen unmöglich ist und es keine Alternativen gibt. Das ist beispielsweise der Fall, wenn der Täter bereits vor dir steht oder wenn dein beruflicher Schwur dich dazu verpflichtet, Gefahr abzuwenden, wie beispielsweise SEK-Beamte, die zu einer Amoklage gerufen wurden.

Täter, Tatmotive und Kontextvariablen können einander ähneln, weisen jedoch auch stets Spezifika auf. Selbst Amokläufer sind keine homogene Gruppe. Für manche ist die Bezeichnung Amoktäter nicht zutreffend, denn sie bereiten sich vor und handeln planvoll. Sie werden nicht aus einem akuten Affekt heraus aggressiv und greifen plötzlich zu einem Stuhlbein. Medial hat sich „Amoktäter" jedoch durchgesetzt.

Egal ob geplant oder ungeplant: Wer sich zu einem Mord oder Massenmord entscheidet und den eigenen Tod mit einplant (erweiterter Suizid), hat nichts zu verlieren und ist zugleich von extremen Gefühlen geleitet. Häufig ist dieses Gefühl aus einer persönlichen Kränkung heraus entstanden.

Bedroht dich so ein Mensch mit einer Waffe und trachtet dir nach dem Leben, prüfe zuerst, ob du weglaufen, dich sicher einsperren oder mit guter Überlebenswahrscheinlichkeit verteidigen kannst. Ist das nicht der Fall und du hast keine andere Option, ist empathisch-achtsame Sprache vermutlich deine einzige und letzte Option.

Aus meiner Berufserfahrung kenne ich mehrere Menschen, die in solchen Situationen waren und habe von anderen gehört, die sie nicht überlebt haben. Der wesentliche Unterschied scheint darin zu liegen, wie sie den Täter ansprachen. Spricht der

Täter eine andere Sprache als du, sind deine Chancen so gut wie nicht vorhanden. Sprecht ihr dieselbe Sprache, sind sie zwar gering, doch gibt es sie! Es liegt nun an dir, einen Täter, der zu allem bereit ist, emotional so zu erreichen, dass du ihn aus seinem Rausch erweckst, er seine Tathandlung hierdurch unterbricht und du ihn entweder zum Aufhören bewegst oder dich durch deine Kommunikation aus seinem Opferschema ausschließt.

Bei Schulmassenmorden scheint eine kommunikative Möglichkeit darin zu liegen, den Täter namentlich anzusprechen und an etwas Positives und Gemeinsames zu erinnern. Wenn jemand, der im Hassrausch ist und die Welt verteufelt, an etwas stark Positives erinnert wird, kann er das generalisierte Negativbild der Welt in dem Augenblick nicht aufrechterhalten. Erinnerst du ihn an ein gemeinsames, verbindendes positives Erlebnis, erfüllst du nicht mehr das Opferschema eines allumfänglich enttäuschenden Menschen, der es verdient, durch die Macht des Täters zu sterben.

Dir bleibt die Option, empathisches Verständnis zu signalisieren. Es hilft nicht, um das eigene Leben zu bitten und zu betteln. Die einzige Chance ist, den Täter in seinem emotionalen Extremzustand emotional-verständnisvoll zu erreichen, im Sinne von: *„Ich sehe, du bist extremst wütend. Bevor du mich erschießt, erkläre mir zumindest, woher diese Wut kommt, damit ich weiß, weshalb ich sterben werde!"*

Spricht der Täter mit dir, weil er das Gefühl hat, endlich in seiner Gefühlswelt erreicht zu werden, hast du eine Überlebenschance! Geh sicher, dass du in seiner Gefühlswelt bleibst und so kommunizierst, dass es um ihn und nicht um dich geht! Nimm dich selbst ganz zurück! Da Täter in solchen Situationen hypersensitiv sind, kann jedes unachtsame Wort triggern und dazu führen, den Abzug zu betätigen. Die achtsam-paradoxe Intervention, im Moment deiner eigenen Todesangst den Täter emotional abzuholen, ist deine einzige Überlebenschance.

Epilog in achtsamkeitsbasierter positiver Sprache

Lieber Leser,

inzwischen hast du dich vertieft mit den gewinnenden Qualitäten achtsamer Sprache beschäftigt und hast hierdurch dein kommunikatives Skills-Repertoire um eine wesentliche weitere Fähigkeit erweitert. Du hast deiner Lebensleiter wesentliche Sprossen hinzugefügt, die es dir ermöglichen werden, sie zu einer Erfolgsleiter zu machen, bei deren Erklimmen du menschlich gewinnen und Menschen für dich gewinnen kannst. Meinen herzlichen Glückwunsch dafür!

Für die Zukunft würde ich mir wünschen, dass du deine neue Sprache kultivierst und sie mithilfe dieses Buchs wieder und wieder in dein Leben integrierst, insbesondere dann, wenn du starke Emotionen in dir spürst und du gerade viele Herausforderungen zu bewältigen hast. Lass die achtsame Sprache genau dann zu deinem Anker werden, den du überall auswerfen kannst, um dich zu erden und zu besinnen. In unvorhergesehenen Kommunikationssituationen hilft dir achtsame Sprache als Rettungsring, selbstsicher und souverän zu schwimmen.

Achtsame Sprache ist dein liebevoller Begleiter, der wohlwollend und wertfrei an deiner Seite verweilt. Gern kannst du ihn auch visualisieren, indem du dir eine freundliche Gestalt vorstellst, die für dich die achtsame Sprache symbolisiert. Beispielsweise kannst du dir vorstellen, dass die Gestalt einen weißen Smoking trägt, auf dem lauter grüne Buchstaben verteilt sind. Gern kannst du dir deine eigene Gestalt aus Bildern im Netz erschaffen, als Collage basteln oder selbst zeichnen.

Du bist jetzt ein wertvolles Samenkorn achtsamer Sprache geworden. Indem du sie anwendest, kannst du positive Akzente setzen und damit zwischenmenschliche Beziehungen zum eigenen und allgemeinen Wohl positiv umlenken. Als Positivbeispiel hast du Vorbildfunktion für Kinder, andere Familienmitglieder, Arbeitskollegen, Führungskräfte, Verhandlungspartner und alle Menschen in deinem Umfeld.

Verwende achtsame Sprache positiv-nachhaltig. Stecke andere damit an, denn was du dir selbst im inneren Narrativ sagst und anderen gegenüber kommunizierst, wird nachschwingen und Reaktionen auslösen. So kannst du zu einem Vorbild, Multiplikator und Botschafter achtsamer Nachrichten werden.

Ebenso, wie wir unsere Umwelt gesund zu erhalten versuchen, indem wir globale Erwärmung und frostige Unterkühlung gegen gesunde Temperaturen eintauschen möchten, sei auch du ein „Thermostat", der aufgeheizte Stimmungen mit neutralisierender Sprache runterregelt und unterkühlte Beziehungen mit empathischer Nächstenliebe, aktivem Zuhören und wohlwollendem Verständnis erwärmt!

Bitte nutze diese deine neue Fähigkeit weise, nutze sie häufig und nutze sie überall, in allen Sprachen, die du sprichst. Gewinne andere für positive Ideen und sei du selbst ein Gewinn für andere. Und sei dir bewusst, dass du die Sprache der Achtsamkeit, wie auch alle anderen Sprachen, jederzeit weiter vertiefen und erneut kultivieren kannst. Es ist jederzeit früh genug!

In achtsamer Verbundenheit einer gemeinsamen positiven Sprache

Indrani Alina Wilms

∞

Literatur

BÜCKER, J.; DIEDRICHSEN, E. & SPIESS, C. (2015). *Perspektiven linguistischer Sprachkritik.* Stuttgart: ibidem.

EILERT, D. W. (2023). *Körpersprache entschlüsseln & verstehen.* Paderborn: Junfermann.

FRITSCH, G. R. (2008). *Praktische Selbst-Empathie.* Paderborn: Junfermann.

GLASL, F. (2023). *Konflikt, Krise, Katharsis.* Stuttgart: Freies Geistesleben.

HARE, R. D. (2005). *Hare Psychopathy Checklist – Revised.* Göttingen: Hogrefe.

HEINE, M. (2021). *Krass: 500 Jahre deutsche Jugendsprache.* Berlin: Cornelsen.

KIESELE, K. (2022). *Überraschend anders fragen. Praxishandbuch für professionelle Kommunikation.* Paderborn: Junfermann.

PITTMAN, C. M. & KARLE, E. M. (2020). *Angst und Panik. Wie Ängste im Gehirn entstehen und wie man sie besiegt.* Köln: Anconda Verlag.

RICKHEIT, G.; SICHELSCHMIDT, L. & STROHNER, H. (2018). *Psycholinguistik.* Tübingen: Staufenburg.

SCHULER, B. (2023). *Bilder bewegen – Coaching mit Metaphern.* Paderborn: Junfermann.

SIEREN, F. & SCHABOWSKI, G. (2009). *Wir haben fast alles falsch gemacht.* Berlin: Econ Verlag.

SIKOR, L. & KLEIN, B. (2023). *Auf(ge)wachsen mit Gewaltfreier Kommunikation. Ein Mutmachbuch für Eltern.* Paderborn: Junfermann.

SOHR, S. & WILMS, I. A. (2023). *Lebe Anders! Life Coaching mit Achtsamkeit und Positiver Psychologie.* Paderborn: Junfermann.

Die Autorin

Dr. Indrani Alina Wilms ist approbierte Psychologische Psychotherapeutin, medial bekannte Trauma-Expertin und forensisch-psychologische Gerichtsgutachterin.

2002 leitete sie als jüngste der rund 100 bundesweit rekrutierten Therapeuten die Nachsorge für die Überlebenden des Amoklaufs am Erfurter Gutenberg-Gymnasium und verfasste das SKEM, ein psychologischer Handlungsleitfaden für die Nachsorge nach Massenmorden und Amoktaten.

Sie ist die erste Deutsche, die sich an der University of Oxford im post-gradualen Master in Achtsamkeitspsychologie qualifizieren durfte und ist seitdem Autorin zahlreicher Gastbeiträge für Focus online, Spiegel, New York Times und und war geladene Expertin bei Lanz, Jauch, Kerner und BBC World News. 2023 erschien das gemeinsam mit Prof. Dr. Sven Sohr für den Junfermann Verlag verfasste Sachbuch *Lebe Anders! Life Coaching mit Achtsamkeit und Positiver Psychologie.*

Vom Land Berlin als Professorin für angewandte Psychologie Berufene und zur Dekanin gewählte Psychologin lehrte sie unter anderem Konfliktmanagement und Mediation.

Zu ihren professionellen Stationen gehören unter anderem der Aufbau einer multikulturellen Abteilung im Londoner Gesundheitswesen, die Leitung der Stabsabteilung Deutschlands größter Forensischen Psychiatrie, die Leitung einer eigenen Privatpraxis, internationale Matchmaking-Erfahrungen und diverse Leitungsfunktionen in verschiedenen Bereichen des öffentlichen Dienstes. Die Allround-Psychologin war unter anderem Managing Consultant einer Unternehmensberatung und ist erfahrene 360 Grad Beraterin für Persönlichkeiten aus Wirtschaft, Politik & Sport.

Aktuell engagiert sie sich als psychologische Beraterin und Coach für Führungskräfte der nordrhein-westfälischen Polizei am Standort Münster.

Kontakt:
dr.alina.wilms@arcor.de